박경호헬라어번역성경

LUKE
New 누가복음

죄 사함의 조건 : 온전한 회개

"전무후무한 성경"

"KJV 및 개역개정의 오번역을
헬라어 원어로 완벽하게 정정한 성경"

세계 최초 1:1 대응 번역

헬라어신약 스테판(1550년)

한글 번역 및 1:1 대응 수정(박경호, 2021년)

부록 : 박경호헬라어스트롱사전(1:1 한글 대응)

역자 **박경호**

1986년 서울대학교 졸업
1989년 서울대학교 대학원 졸업

현) 베다니 히브리어&헬라어 번역원 원장

번역출판물
박경호헬라어번역성경
(New마태복음, 누가복음, 마가복음, 요한복음, 요한계시록)

NEW

누가복음

개정판 1쇄 발행 2021년 10월 15일

역　자 박경호
펴낸이 유애영
펴낸곳 히브리어&헬라어 번역 출판사
디자인 주식회사 북모아
인쇄처 주식회사 북모아

출판등록번호   제2020-000143호
전　화 010-3090-8419
주　소 서울특별시 서초구 본마을 55-1 지하 1층
팩　스 070-4090-8419

ISBN 979-11-972349-1-0

가격   49,000원

New

누가복음

죄 사함의 조건 :
온전한 회개

JESUS

in the name of Jesus Christ Lord Amen

머리말

박경호헬라어번역성경 누가복음이 출판된 지, 4년 만에 다시
박경호헬라어번역성경 New 누가복음 개정판을 출판하게 된 것에는
많은 이유가 있습니다.
누가복음이 1:1 대응이 적용된 책이라면,
New 누가복음은 100% 1:1 대응을 이룬 성경책입니다.

마태복음과 누가복음은 원어상 매우 많은 의미의 차이가 발생함에도 불구하고,
현재 개역개정 마태복음과 개역개정 누가복음의 차이를 쉽게 느낄 수 없는데,
그 이유는
개역개정 누가복음의 원어번역이 마태복음의 원어를 그대로 사용한 결과입니다.

개역개정 마태복음과 개역개정 누가복음은 중복되는 내용들의 단어의 의미가
거의 차이가 나지 않지만, 박경호헬라어번역성경 New 마태복음과
New 누가복음은 중복되는 내용들의 단어의 의미가 상당한 차이를 보여주는데,
완벽하게 1:1 대응 한글 번역을 한 결과입니다.

기존 개역개정에서 헬라어 10개 단어를 한글 한 단어로 옮겼기에 뜻이
애매모호한 반면, 박경호헬라어번역성경 특히 New 시리즈는
완벽한 1:1 대응으로 그 원어의 의미가 너무나도 선명하게 드러나기에,
박경호헬라어번역성경 New 누가복음의 1:1 대응의 효과를
정확하게 맛볼 수 있을 것입니다.

아래는 박경호헬라어번역성경 New 누가복음의 단적인 예를 선보입니다.

그가 고통들을 보유하면서, 지옥에서 그의 눈을 들어,
멀리서 아브라함과 그의 품에 나사로를 본다.
그가 소리내어불러 말했다.
"아버지! 아브라함이여! 나를 긍휼히여겨주십시오!
그의 손가락의 맨끝에 물을 찍어 내 혀를 시원하게 하도록,
나사로를 보내주십시오! 내가 이 불꽃가운데 극히고통합니다."
(박경호헬라어번역성경 New 누가복음 610절)

그가 음부에서 고통중에 눈을 들어 멀리 아브라함과 그의 품에 있는
나사로를 보고 불러 이르되 아버지 아브라함이여 나를 긍휼히 여기사
나사로를 보내어 그 손가락 끝에 물을 찍어 내 혀를 서늘하게 하소서
내가 이 불꽃 가운데서 괴로워하나이다(개역개정 누가복음 16장 23~24절)

보시다시피,
[고통중에 : 고통들을 보유하면서] [불러 : 소리내어불러]
[끝 : 맨끝] [서늘하게 : 시원하게] [괴로워하나이다 : 극히고통합니다] 등의
단어변화는 물론,
문장구조의 상당한 변화를 보실 수 있습니다.

많은 어린이들도 박경호헬라어번역성경을
아주 쉽게 이해하는데 그 이유는,
원어에 가장 근접한 문장배열을 선택하였기 때문입니다.
많은 분들이, 원어에 가까울수록 문장이
어렵게 느껴질 것이라는 오해를 하고 있지만,
놀랍게도 원어에 가까울수록 문장이
훨씬 쉽게 느껴진다는 것이 사실입니다.
원어 단어의 뜻을 깊이 있게 파고들수록 현실적으로
어떤 인종이나 민족이라도 피부에 쉽게 와 닿는
단어표현임을 알게 됩니다.

제가 원어번역을 하면서 깨달은 여러 가지 사실이 있지만,
원어에 가깝게 번역하려는 이유는,
결국 원어에 가까운 번역일수록
어린이도 쉽게 이해할 수 있는 성경책이라는 사실을 깨닫게 된 것이며,
원어에 가깝게 번역된 문장은
그 의미가 매우 선명하여 동영상을 보는듯하다는 것입니다.

제가 [전무후무한 성경]이라고 부제목을 단 것은,
헬라어 원어 한 단어를 분석하고 그 정확한 의미를 깨닫고
그 의미에 상응하는 한글의 단어를 발견하는 과정에서
너무나 많은 시간을 바쳤으며,
이렇게 할 수 있는 사람은 전에도 없었고
인간으로는 불가능하다고 판단하였기 때문입니다.

KJV 및 개역개정의 수 만개의 오번역이 수정된 이 책은,
분명 예수님의 작품입니다!

2021년 9월 1일

[베다니 히브리어&헬라어 번역원 원장] 박경호

목차

1장

1절~**49**절 [개역개정, KJV 1:1~1:80]

구원으로 인도하는 선지자

1장

NEW
누가복음

01 우리 중에 확실히이루어진 사항들에 대한, 내력을 저술하려고, 많은 자들이 시도하던 차에, 모든 것을 자세하게 위부터 가까이따른 나도, 처음부터 말씀의 목격자들과 사역자들이 된 우리에게 넘겨준 그대로를, 당신께 차례로 기록할 것을 생각했는데, 최고권자 데오빌로여! 당신이 말씀으로 교육받은 것에 대하여 확신있게 알기 위함입니다.

02 유대의 왕, 헤롯 기간에, 아비야 반열에서 이름이 사가랴인 어떤 제사장이 있었습니다. 그의 여자는 아론의 딸이며, 그녀의 이름은 엘리사벳입니다.

03 둘다, 주님의 모든 계명들과 규례들을 흠없이 진행하며, 하나님 앞에서 의로웠습니다.

04 엘리사벳이 불임이기에 그들에게 자녀가 없었는데, 둘다 그들의 기간에서 더가고 있었습니다.

05   그가 그의 반열의 직무대로, 하나님 앞에서 제사장직무 가운데 있었으며, 제사장직의 전례를 따라, 주님의 성전으로 들어가 분향하는 것으로 제비뽑혔습니다. 백성의 모든 무리는 분향의 시간에 밖에서 기도하고 있었습니다.

06   주님의 천사가, 분향의 제단의 오른편에 서면서, 그에게 보여졌습니다. 사가랴가 보고 요동되었으며, 두려움이 그에게 임하였습니다.

07   천사가 그에게 말했습니다. "두려워하지 말아라! 사가랴야! 너의 간구가 들려졌기에, 네 여자 엘리사벳이 네게 아들을 낳을 것이니, 그의 이름을 요한이라고 부를 것이다.

08   네게 기쁨과 즐거움일 것이며, 많은 자들도 그의 태어남에 기뻐할 것이다.

09   그가 주님 앞에서 크게 될 것인데, 포도주나 독주를 결코 마시지 않으리니, 그의 어머니의 태에서 이미 거룩한 영으로 가득채워질 것이기 때문이다.

10   이스라엘 아들들 중 많은 자들을, 그들의 하나님이신 주님께 돌아오게 할 것이다.

11 그는 아버지들의 마음들을 자녀들에게 그리고 순종치않는 자들을 의인들의 총명으로 돌아오게하며, 예배된 백성을 주님께 준비시키려고, 엘리야의 영과 능력으로 그분 앞에 먼저갈 것이다."

12 사가랴가 천사에게 말했습니다. "무엇으로 이것을 알겠습니까? 나는 노인이며, 내 여자도 그녀의 기간에서 더갔기 때문입니다."

13 천사가 대답하여 그에게 말했습니다. "나는 하나님 앞에서 곁에서있는 가브리엘이다. 너에게 얘기하라고 곧 이것을 네게 복음전하라고 보내어졌다.

14 오! 이 일이 되어지는 날까지, 너는 잠잠하고 얘기할 수 없을 것이다. 자기 때에 성취될, 내 말들을 네가 믿지 않은 까닭이다."

15 백성은 사가랴를 기대하고 있었습니다. 성전에서 그의 지체함을 기이히여겼습니다.

16 그가 나왔으나 그들에게 얘기할 수 없었습니다. 그들은 그가 성전에서 이상을 보았다는 것을 알았습니다. 그가 그들에게 몸짓하였고 말못하며 항상머물렀습니다.

17 그의 봉사의 기간이 가득채워지게 되자, 그는 자기 집으로 갔습니다.

18 이 기간 후, 그의 여자 엘리사벳이 수태하였으며, 5달을 자신을 감추고있으며, 말하기를, "주님께서 사람들 중에 내 부끄러움을 없애려고, 돌보시는 기간에, 내게 이같이 행하셨다."

19 여섯째 달에, 하나님에게서 천사 가브리엘이, 이름이 나사렛인 갈릴리의 성으로, 다윗의 집 출신으로 이름이 요셉인 남자와, 약혼한 처녀에게 보내졌습니다. 처녀의 이름은 마리아입니다.

20 천사가 그녀에게 들어가 말했습니다. "기뻐해라! 은혜받은 자여! 여자들 중에 네가 축복받았는데, 주님께서 너와 함께 계신다."

21 그러자 그녀가 보고 그의 말에 심히요동되었으며, 이 평안인사가 어떠한 것인가를 의논하였습니다.

22 천사가 그녀에게 말했습니다. "두려워하지 말아라! 마리아야! 네가 하나님에게서 은혜를 발견하였기 때문이다. 오! 네가 자궁에 수태할 것이며, 아들을 출산할 것이니, 그의 이름을 예수라고 부를 것이다.

23 이 분은 크게 되실 것이며, 가장높으신 분의 아들이라 불려질 것이다. 하나님이신 주님께서 그의 아버지 다윗의 보좌를 그 분께 주실 것이며, 그분이 영원히 야곱의 집 위에 왕되실 것 이며, 그분의 왕국이 끝이 없을 것이다."

24 마리아가 천사에게 말했습니다. "내가 남자를 알지 못하는 데, 어떻게 이 일이 있겠습니까?" 천사가 대답하여 그녀에게 말했습니다. "거룩한 영이 네 위에 와머무실 것이며, 가장높 으신 분의 능력이 너를 덮을 것이다. 때문에, 나시는 거룩하 신 분은 하나님의 아들이라 불려질 것이다.

25 오! 네 친족 엘리사벳, 그녀도 쇠하여 아들을 수태하였는데, 불임이라 불려지는 그녀에게, 이 달이 여섯째 달이다. 하나님 에게서 모든 선포된말씀은 능치못하지 않을 것이다."

26 그러자 마리아가 말했습니다. "오! 주님의 여종입니다. 당신 의 선포된말씀대로 제게 이루어지리이다."

27 천사가 그녀에게서 갔습니다.

28 이 기간에, 마리아가 일어서고, 부지런히 산골, 유다의 성으 로 갔으며, 사가랴의 집으로 들어가서, 엘리사벳에게 평안인 사하였습니다.

29 엘리사벳이 마리아의 평안인사를 듣게 되자, 그녀의 태에서 아기가 뛰놀았습니다. 엘리사벳이 거룩한 영으로 가득채워졌으며, 큰 음성으로 높이불러 말했습니다. "너는 여자들 중에 축복받았으며, 네 태의 열매도 축복받았다.

30 내 주님의 어머니가 내게 오니, 어떻게 내게 이 일이? 오! 네 평안인사의 음성이 내 귀에 들리자, 내 태에 아기가 즐거움으로 뛰놀았다.

31 믿는 그녀에게 복있으니, 주님에게서 그녀에게 얘기된 것이 온전한이룸이 있을 것이다."

32 마리아가 말했습니다. "내 영혼이 주님을 크게하며, 내 영이 내 구원자이신 하나님을 즐거워하였습니다. 그분이 그분의 여종의 낮음을 관심가지신 것입니다. 오! 지금부터, 모든 세대들이 나를 복있다할 것이기 때문입니다.

33 능력있는 분이시며 그 이름이 거룩하신 분이, 내게 큰 일들을 행하셨는데, 그분을 두려워하는 자들에게는 세대세대 그분의 긍휼입니다.

34 그분의 팔로 힘을 행하셨으며, 마음의 뜻이 교만한 자들을 흩으셨습니다.

35 능력자들을 보좌에서 내리셨으며, 겸손한 자들을 높이셨습니다.

36 배고파하는 자들을 선한 것으로 만족케하셨으며, 부유해하는 자들을 거저 보내셨습니다.

37 그의 하인 이스라엘을 도우셨는데, 긍휼이 기억나심이며, 우리 아버지들 곧 아브라함과 영원히 그의 자손에게 얘기하신 그대로입니다."

38 그녀와 함께 마리아는 약 3달을 머물렀으며, 자기 집으로 돌아갔습니다.

39 엘리사벳이 출산하는 때가 가득찼으며 아들을 낳았습니다. 그녀의 이웃들과 친족들은 주님께서 그녀와 함께하셔서 그분의 긍휼을 크게하셨다는 것을 들었으며, 그녀와 함께기뻐하였습니다.

40 제 8일이 되었으며, 그들이 아이를 할례하러 왔으며, 그의 아버지 사가랴란 이름으로 그를 불렀습니다.

41 그의 어머니가 대답하여 말했습니다. "아니에요! 다만 요한이라 불려질 거예요."

42 그들이 그녀에게 말했습니다. "당신 친척 중에 이 이름으로 불려지는 자가 아무도 없어요."

43 그들은 그가 무엇이라 불리기를 원하는지, 그의 아버지에게 머리신호하였습니다.

44 그가 서판을 구하고, "요한이 그의 이름이다."라는 말로 기록하였습니다. 모든 자들이 기이히여겼습니다.

45 즉시 그의 입과 그의 혀가 열렸으며, 하나님을 축복하며 얘기했습니다.

46 그들 근처에사는 모든 자들에게 두려움이 일어났습니다. 이 모든 선포된말씀이 유대 온 산골에서 이야기나누어졌습니다. 듣는 자들이 모두가 자기들 마음에 두었으며, 말하기를, "이 아기가 무엇이 될 것인가?" 주님의 손이 그와 함께 있었습니다.

47 그의 아버지 사가랴가 거룩한 영으로 가득채워졌으며, 예언하였는데, 말하기를, "이스라엘의 하나님 주님은 축복되시니, 그분은 자기 백성을 돌아보셨으며 대속을 행하셨다. 그의 하인 다윗의 집에서, 구원의 뿔을 우리에게 일으키셨다. 영원부터 그분의 선지자들의 거룩한 입을 통해 얘기하신 그대로,

우리 아버지들에게 긍휼을 행하시며 그분의 거룩한 계약의 기억나심인데, 우리 원수들에서와 우리를 미워하는 모든 자들의 손에서의 구원이다. 곧, 우리 아버지 아브라함에게 맹세하신 맹세로서, 우리에게도 주신 것인데, 두려움없이 우리의 원수들의 손에서 건져져, 우리 생명의 모든 기간을 그분 앞에서 성결과 의로 그분께 충성하는 것이다.

48 너, 아이여! 가장높으신 분의 선지자라고 불려질 것이다. 주님의 길들을 준비하려고 또한 그들의 죄들의 사함으로 그분의 백성에게 구원의 지식을 주려고, 그분 앞에 앞서갈 것이다. 우리 하나님의 긍휼의 심정들 때문에, 어두움과 죽음의 그늘에 앉은 자들에게 계속나타내시려고 또한 평안의 길로 우리의 발을 평탄케하시려고 동쪽 높은데서부터 우리를 돌아보셨다."

49 아기가 자랐으며 영이 강해졌으며, 이스라엘에게 그의 임명의 날까지 광야에 있었습니다.

50절~82절 [개역개정, KJV 2:1~2:52]

영의 출생과 성장

2장

NEW
누가복음

50 그 기간에, 가이사 아구스도에게서 모든 천하를 호적하라는 문서가 나왔고, 구레뇨가 수리아에 총독인데, 이 첫번째 호적이 있었습니다.

51 모든 자들이 각각 자기 자신의 성으로 호적하러 갔습니다.

52 갈릴리 출신의 요셉도, 다윗의 집과 족속에 속해있기 때문에, 자기와 약혼한 양수로배부른 여자 마리아와 함께 호적하러, 나사렛 성에서 베들레헴이라 불리는, 유대에 다윗의 성으로 올라갔습니다.

53 그들이 거기 있는데, 그녀가 출산할 기간이 가득채워지게 되었습니다. 여관에 그들에 대한 장소가 없는 것 때문에, 그녀는 그녀의 첫번째자녀인 아들을 출산하고, 그분을 강보로싸서, 그분을 축사에 앉혔습니다.

54 그 지방의 목자들이 들에있으면서, 밤 경에, 그들의 양떼를 지키고 있었습니다.

55 오! 주님의 천사가 그들에게 와서섰으며, 주님의 영광이 그들을 둘러비췄습니다. 그들은 큰 두려움으로 두려워하였습니다.

56 천사가 그들에게 말했습니다. "두려워하지 말아라! 오! 내가 모든 백성에게 있을 큰 기쁨을 너희에게 복음전하는데, 너희에게 그리스도 주님이신 구원자가 오늘 다윗의 성에 출산되신 것이다.

57 이것이 너희에게 표적이니, 너희는 강보로싸여져 축사에 놓인 아기를 발견할 것이다."

58 천사와 함께, 갑자기 하늘의 군단의 무리가 있었는데, 하나님을 찬송하며, 말하기를, "가장높은 곳에서 하나님께 영광! 땅에서 기쁘신뜻의 사람들 중에 평안!"

59 그들에게서 천사들이 하늘로 가자, 사람들 곧 목자들이 서로 말했습니다. "이제 베들레헴까지 다닙시다. 그리고 주님께서 우리에게 알게하신 이 선포된말씀이 이루어짐을 봅시다."

60 애쓰면서 갔으며, 마리아와 요셉과 축사에 놓인 아기를 찾아 냈습니다.

61 그러자 보고는, 이 아이에 대하여 그들에게 얘기되어진 선포된말씀을 마음에간직하게하였습니다.

62 듣는 자들은 모두, 목자들에게서 자기들에게 얘기되어진 것을 기이히여겼습니다.

63 마리아는 이 모든 선포된말씀들을 자기 마음에 한데모아 보존하였습니다.

64 목자들은 자기들에게 얘기되어진 그대로, 듣고 본 모든 것에 하나님께 영광돌리며 찬송하며 돌아왔습니다.

65 아이를 할례하는 8일이 가득채워졌을 때, 그분의 이름이 예수라고 불려졌는데, 그분이 태 안에 수태되기 전에 천사에게서 불려진 것입니다.

66 모세의 율법을 따라 그들의 정결의 기간이 가득채워졌을 때, "모태를 밝히여는 모든 남성이 주님에게서 거룩하다고 불려질 것이다."라고 주님의 율법에 기록된 그대로, 그분을 주님께 곁에서게하려고 예루살렘으로 이끌었습니다. 주님의 율

법에 권고된 대로, 산비둘기 1쌍이나 2마리의 젊은 비둘기를 제물로 드리는 것입니다.

67 오! 이름이 시므온인 사람이 예루살렘에 있었는데, 이스라엘의 권면을 기다리는 이 사람은 의롭고 경건하며, 거룩한 영이 그 위에 계셨는데, 주님의 그리스도를 보기 전에는 죽음을 보지 않을 것이 거룩한 영에게서 그에게 지시되었습니다.

68 그가 영 안에서, 성전으로 갔습니다. 율법에 관례되는 대로 행하려고, 부모들이 아이 예수님을 데리고들어갔습니다. 그가 그의 양팔뚝에 그분을 영접하였으며, 하나님을 축복하였으며 말했습니다. "주권자시여! 당신의 선포된말씀대로, 당신의 종을 지금 평안히 놓아보내십니다. 내 눈이 당신의 구원하심을 보았는데, 모든 백성들 앞에 준비하신 것입니다. 이방인들에게 계시하는 빛이며, 당신의 백성 이스라엘의 영광입니다."

69 요셉과 그분의 어머니는, 그분에 대하여 얘기되는 것에 기이히여기고 있었습니다.

70 시므온이 그들을 축복하였으며, 그분의 어머니 마리아에게 말했습니다. "오! 이 분은 이스라엘 중 많은 자들의 무너짐과 부활로 또한 반대당하는 표적으로 세워지셨습니다. 또 말씀

칼이 영혼을 거쳐가, 많은 자들에게서 마음의 의논들이 나타나지게됩니다."

71 아셀 지파에 바누엘의 딸, 안나 여선지자가 있었습니다. 그녀는 많은 기간이 더갔는데, 그녀의 출가로부터 남자와 함께 7년을 살았고, 84년간 과부였으며, 밤 낮 금식과 간구로 충성하면서 성전을 떠나지 않았습니다. 그 시간에, 그녀는 주님께 와서서서 감사드렸으며, 예루살렘에서 대속을 기다리는 모든 자들에게 그분에 대하여 얘기했습니다.

72 그들이 주님의 율법을 따라 일체모든 것을 끝마치자, 갈릴리 그들의 성 나사렛으로 돌아갔습니다.

73 아이가 자랐으며, 지혜가 성취되면서 영이 강해졌으며, 하나님의 은혜가 그 위에 있었습니다.

74 그분의 부모는, 해마다 유월절 명절에 예루살렘으로 갔습니다.

75 그분이 12살 되는 때, 그들은 명절의 전례를 따라 예루살렘으로 올라가 기간을 온전하게하고 돌아가는데, 남자아이 예수님은 예루살렘에서 견디셨으며, 요셉과 그분의 어머니는 알지 못했습니다. 그러나 동행 중에 그분이 있다고 생각하고,

낮하루 길을 갔으며, 친족들과 아는 자들 중에 그분을 찾았습니다. 그분을 발견하지 못해, 그분을 찾으면서 예루살렘으로 돌아갔습니다.

76 3일이 되어서, 성전에서, 선생님들 한가운데 앉아 그들에게 들으며 그들에게 묻는 그분을 발견하였습니다.

77 그분에게 듣는 자들이 모두, 그분의 현명함과 대답에 놀랐습니다.

78 그들이 그분을 보고 놀랐습니다. 그분의 어머니가 그분에게 말했습니다. "자녀야! 왜, 우리에게 이같이 행하였느냐? 오! 네 아버지와 나도 극히고통하면서 너를 찾았다."

79 그분이 그들에게 말씀하셨습니다. "왜, 저를 찾으셨습니까? 제가 제 아버지 안에 있어야 하는 것을, 알지 못하셨습니까?"

80 그들은 그분이 그들에게 얘기하신 선포된말씀을 깨닫지 못했습니다. 그분이 그들과 함께 내려가셨으며 나사렛으로 오셨습니다. 그분은 그들에게 복종적이셨습니다.

81 그분의 어머니는 이 모든 선포된말씀들을 자기 마음에 지켜

내었습니다.

82 예수님은 지혜와 키 그리고 하나님과 사람들에게의 은혜가 깊게나아갔습니다.

83절~104절 [개역개정, KJV 3:1~4:13]

회개의 출발

3장

NEW
누가복음

83   디베료 가이사 왕위 15년째에, 본디오 빌라도가 유대의 총독
이었고, 헤롯이 갈릴리의 4분봉왕이었고, 그의 형제 빌립이
이두래와 드라고닛 지방의 4분봉왕이었고, 루사니아가 아빌
레네의 4분봉왕이었고, 안나스와 가야바가 대제사장들이었
는데, 하나님의 선포된말씀이 광야에 사가랴의 아들 요한에
게 있었습니다.

84   그가 죄들의 사함에 이르게하는 회개의 세례를 전파하며, 요
단의 모든 주변지방으로 왔습니다. 선지자 이사야의 말씀의
성경책에서, "광야에서 외치는 음성, '주님의 길을 준비해라!
그분의 험한길들을 곧바르게 만들어라!

85   모든 골짜기가 성취될 것이며, 모든 산과 작은산이 낮아질 것
이며, 굽은 것들이 곧바른 것으로 될 것이며 험난한 것들이
순탄한 길로 될 것이며, 모든 육체가 하나님의 구원하심을 볼
것이다.'"라고 기록된 것과 같습니다.

86   그는 자기에게서 세례받으러 나오는 군중들에게 말했습니다. "독사들의 낳은 것들아! 다가올 진노에서 도망할 것을 누가 너희에게 가르쳤느냐? 그런즉 회개에 마땅한 열매들을 맺어라! 속으로 '우리는 아브라함을 아버지로 갖고있다.'라고 말하기를 시작하지 말아라. 너희에게 말하는데, 하나님께서는 이 돌들에서, 아브라함의 자녀들을 일으킬 수 있기 때문이다.

87   이미 도끼가 나무들의 뿌리에 놓였다. 그런즉 좋은 열매를 맺지 않는 모든 나무는 찍혀버려져 불로 던져진다."

88   군중들이 그에게 물었는데, 말하기를, "그런즉 우리가 무엇을 행할까요?" 그러자 그가 대답하여 그들에게 말합니다. "2벌의 속옷을 가진 자는, 가지고있지 않은 자에게 나눠줘라! 양식을 가진 자도 비슷하게 행해라!"

89   세금징수원들도 세례받으러 왔으며 그에게 말했습니다. "선생님! 우리는 무엇을 행할까요?" 그러자 그가 그들에게 말했습니다. "너희에게 지정해준 것 외에 더많이 아무것도 하지 말아라!"

90   군생활하는 자들도 그에게 물었는데, 말하기를, "우리는 무엇을 행할까요?" 그가 그들에게 말했습니다. "아무것도 강포하지 말며 가로채지 말 것이며, 너희의 봉급들을 족하게여

겨라!"

91 백성이 기대했으며 또한 모든 자들이 자기들 마음에 요한에 대하여, "그가 그리스도이지 않을까?"라고 의논하자, 요한이 일체모든 자들에게 대답하였는데, 말하기를, "나는 너희에게 물로 세례준다. 그러나 나보다 더강한 분이 오시는데, 나는 그분의 신발의 끈을 풀기에도 매우크지 않다. 그분은 너희에게 거룩한 영과 불로 세례주실 것이다. 그분의 손에 키가 그분의 타작마당을 청소하실 것이며, 밀은 그분의 곳간으로 모으실 것이고, 쭉정이는 꺼지지않는 불에 태우실 것이다."

92 많은 것들로 그리고 또다른 것들로 권면하며 백성에게 복음 전파하였습니다.

93 4분봉왕 헤롯은 그의 형제 빌립의 여자 헤로디아에 대하여 또한 헤롯이 행한 모든 악한 일들에 대하여, 요한에게서 책망 받고, 모든 것 위에 이것을 더하였는데, 요한을 감옥에 감금한 것입니다.

94 일체모든 백성이 세례받게 되었는데, 예수님도 세례받으시고 기도하시자, 하늘이 열리며 거룩한 영이 비둘기처럼 육체적인 모습으로 그분 위에 내려오셨으며, 하늘에서 음성이 났는데, 말하기를, "너는 사랑하는 내 아들이며, 내가 네 안에서

기뻐했다.”

95 예수님, 그분은 약 30세에 시작하셨는데, 곧, 그분은 생각되는 것같이, 요셉, 헬리, 맛닷, 레위, 멜기, 얀나, 요셉, 맛다디아, 아모스, 나훔, 에슬리, 낙개, 마앗, 맛다디아, 서머인, 요섹, 요다, 요아난, 레사, 스룹바벨, 스알디엘, 네리, 멜기, 앗디, 고삼, 엘마담, 에르, 요세, 엘리에서, 요림, 맛닷, 레위, 시므온, 유다, 요셉, 요남, 엘리아김, 멜레아, 멘나, 맛다다, 나단, 다윗, 이새, 오벳, 보아스, 살몬, 나손, 아미나답, 아람, 헤스론, 베레스, 유다, 야곱, 이삭, 아브라함, 데라, 나홀, 스룩, 르우, 벨렉, 헤버, 살라, 가이난, 아박삿, 셈, 노아, 레멕, 므두셀라, 에녹, 야렛, 마할랄렐, 가이난, 에노스, 셋, 아담, 하나님의 아들이셨습니다.

96 거룩한 영으로 가득채워진 예수님이 요단에서 돌아오셨습니다. 40일을 마귀에게서 시험받으러 영 안에서 광야로 끌려가지셨습니다. 그 기간에 아무것도 잡수시지 않으셨으며, 그 기간이 다끝마쳐진 그후에 배고프셨습니다.

97 마귀가 그분께 말했습니다. “네가 하나님의 아들이라면, 이 돌에게 빵이 되라고 말해라!”

98 예수님께서 그에게 대답하셨으며, 말씀하시기를, “‘사람이

오직 빵으로 살 것이 아니라, 다만 하나님의 모든 선포된말씀으로 살 것이다.'라고 기록되었다."

99 마귀는 그분을 높은 산으로 이끌어, 순식간 때에 천하의 모든 왕국들을 그분께 보여주었습니다. 마귀가 그분께 말했습니다. "내가 이 일체모든 권세와 그 영광을 네게 줄 것이다. 내게 넘겨졌으니, 누구든지 내가 원하는 자에게 그것을 준다. 그런즉 만약 네가 내 앞에 예배하면, 모든 것이 네 것이 될 것이다."

100 예수님께서 그에게 대답하여 말씀하셨습니다. "내 뒤로 가라! 사탄아! '너의 하나님이신 주님께 예배하고, 오직 그분께 충성할 것이다.'라고 기록되었기 때문이다."

101 그가 그분을 예루살렘으로 끌고갔으며, 그분을 성전 꼭대기에 서시게하였으며, 그분께 말했습니다. "네가 하나님의 아들이라면, 여기서 아래로 자신을 던져라!

102 '그분이 너를 굳게지키려, 그분의 천사들에게 너에 대해 명할 것이다. 그들이 손으로 너를 들고갈 것인데, 네 발이 돌에 부딪치지 않기 위함이다.'라고 기록되었기 때문이다."

103 예수님께서 그에게 대답하여 말씀하셨습니다. "'너의 하나님

이신 주님을 시험하지 말라.'라고 권고되었다."

104   마귀가 모든 시험을 다끝마치고서, 다음 때까지 그분에게서
      떠났습니다.

• 전무후무한 성경 •

NEW

LUKE

• 세계 최초 1:1 대응 번역 •

4장

105절~180절 [개역개정, KJV 4:14~6:19]

회개와 죄 사함

4장

NEW
누가복음

105 예수님은 영의 능력 안에서 갈릴리로 돌아오셨습니다. 소문
이 그분 주변 온 주변지방으로 나갔습니다.

106 그분은 모든 자들에게서 영광받으시며, 그들의 회당들에서
가르치셨습니다.

107 그분은 길러지셨던 나사렛으로 오셨습니다. 안식의 날에 자
신에게 전래화하신 대로, 회당으로 들어가셨으며, 읽으시려
고 일어서셨습니다.

108 선지자 이사야의 책이 그분께 건네주어졌으며, 책을 두루말
아펴서 이렇게 기록된 장소를 발견하셨습니다. "내 위의 주
님의 영이, 가난한 자들에게 복음전하도록 내게 기름부으셨
기에, 마음이 상해진 자들을 낫게하시고, 포로들에게 사함을
눈먼 자들에게 올려봄을 전파하며, 억눌린 자들을 사함 안에
서 보내는, 주님께 받아들여지는 한 해를 전파하도록 나를 보

내셨다."

109 그분이 책을 두루말아덮어 사역자에게 갚으시고 앉으셨는데, 회당에 모든 자들의 눈이 그분을 주목하고 있었습니다.

110 그분이 그들에게 말씀하시기 시작하셨습니다. "오늘 너희 귀에 이 성경이 성취되었다."

111 모두가 그분을 증거하였으며, 그분의 입에서 나오는 은혜의 말씀에 기이히여겼으며 말했습니다. "이 분은 요셉의 아들이지 않느냐?"

112 그분이 그들에게 말씀하셨습니다. "분명히 너희는, '의사야! 자신을 고쳐라! 가버나움에서 이루었다고, 우리가 들은 것들을, 여기 네 고향에서도 행해라!'라는 이 비유를 내게 말할 것이다."

113 그리고 말씀하셨습니다. "진실로 너희에게 말하는데, 어떤 선지자도 자기 고향에서는 받아들여지지 않는다.

114 진리로 너희에게 말하는데, 엘리야 기간에 많은 과부들이 이스라엘에 있었지만, 3년 6개월 하늘이 닫혔을 때, 모든 땅에 큰 흉년이 일어나자, 엘리야는 시돈의 사렙다의 과부된

여자에게 외에는, 그들 중 아무에게도 보내어지지 않았다.

115 선지자 엘리사 당시, 많은 문둥병자들이 이스라엘에 있었는데, 수리아인 나아만 외에는 그들 중 아무도 깨끗게되지 못했다."

116 회당에 모든 자들이 이것을 듣고 분이 가득채워졌습니다.

117 그리고 그들이 일어서, 그분을 성 밖으로 내보내었으며, 그분을 밀어떨어뜨리려고, 자기들의 성이 지어졌던 산 낭떠러지까지 그분을 끌고갔습니다. 그러나 그분은 그들 한가운데를 통해 거쳐서 가셨습니다.

118 그분은 갈릴리의 성 가버나움에 당도하셨습니다. 안식의 날, 그들을 가르치시고 계셨습니다.

119 그분의 말씀이 권세 안에 있었기에, 그들은 그분의 가르침에 놀랐습니다.

120 회당에, 더러운 귀신의 영을 가진 사람이 있었으며, 큰 음성으로 부르짖었는데, 말하기를, "으악! 우리와 당신이 무슨 상관입니까? 나사렛의 예수님! 우리를 멸망시키러 오셨습니까? 당신이 누구신지를 아는데, 하나님의 거룩하신 분이십니다."

121 예수님께서 그를 꾸짖으셨으며, 말씀하시기를, "잠잠케되어라! 그에게서 나와라!"

122 귀신이 그를 한가운데로 던져놓으면서, 그를 아무것도 상하게 하지 않으면서, 그에게서 나왔습니다.

123 놀라움이 모두에게 있었으며, 말하기를, "이 말씀이 무엇이냐? 그분이 권세와 능력 안에서 더러운 영들에게 분부하시니 그들이 나간다."라고 서로 대화했습니다.

124 그분에 대한 동일한소리가 주변지방 모든 장소로 나갔습니다.

125 그분은 일어서셔서, 회당에서 시몬의 집으로 들어가셨습니다. 시몬의 장모가 크게 열병에 사로잡혀 있었고, 그녀에 대하여 그분께 요구하여물은 것입니다.

126 그분이 그녀 위쪽에 와서서셔서, 열병을 꾸짖으셨고, 그것이 그녀를 버려두었습니다. 그러자 즉시 일어서, 그들을 섬겼습니다.

127 태양이 지는데, 여러가지 질병들로 병든 자들을 갖고있는 모두가, 그분에게 그들을 끌고왔습니다. 그분이 그들 각각 1명

씩 양손을 얹으시고, 그들을 고치셨습니다. 많은 자들에게서 귀신들이 소리지르며, "당신은 하나님의 아들 그리스도십니다."라고 말하며 나갔습니다.

128 그분이 그리스도이심을 그들이 알았기에, 그분은 꾸짖으시며 그들이 얘기하는 것을 허락하지 않으셨습니다.

129 낮이 되자, 그분은 나오셔서 한적한 장소로 가셨으며, 군중들은 그분을 찾았고, 그분에게까지 왔으며, 자기들에게서 가지 말라고 그분을 차지하였습니다.

130 그분이 그들에게 말씀하셨습니다. "나는 또다른 성에도 하나님의 왕국을 복음전해야 한다. 이 일로 내가 보내어졌다."

131 그리고 갈릴리의 회당들에서 전파하시고 계셨습니다.

132 군중이 하나님의 말씀을 들으려고, 그분의 앞에놓이게 되었으며, 그분은 게네사렛 호숫가에 서 계셨습니다. 호숫가에 2척의 배가 서있는 것을 보셨습니다. 어부들은 배에서 떠나와 그물들을 세척하였습니다.

133 그분은 배들 중 하나 곧 시몬의 배로 오르셔서, 땅에서 적게 이끌어내어지기를 그에게 요구하여물으셨습니다. 그리고 앉

으셔서, 군중들을 배에서 가르치셨습니다.

134 얘기하시기를 그치시자, 시몬에게 말씀하셨습니다. "깊은데로 이끌어내어져라! 어획을 위해 너희의 그물들을 잡아내려라!"

135 시몬이 대답하여 그분께 말했습니다. "스승님! 우리가 온 밤 내내, 수고하여 아무것도 받지 못했습니다. 그러나 당신의 선포된말씀을 따라, 그물을 잡아내릴 것입니다."

136 이것을 행하여, 그들은 많은 물고기 무리를 포획하였으니, 그들의 그물이 찢어졌습니다.

137 그들이 또다른 배에 있는 동업자들에게, 와서 잡으라고 손짓하였습니다. 그들이 왔으며, 가라앉혀질 정도로, 배 2척이 가득찼습니다.

138 시몬 베드로가 보고, 예수님의 무릎 앞에엎드렸으며, 말하기를, "제게서 나가주십시오! 저는 죄있는 남자입니다. 주님!"

139 잡은 물고기들의 어획으로, 그 및 그와 함께 있던 모두에게 놀라움이 지배하였기 때문입니다. 시몬에게의 참여자들이었던 야고보와 요한 곧 세베대의 아들들도 비슷하였습니다.

140 예수님께서 시몬에게 말씀하셨습니다. "두려워하지 말아라! 지금부터 너는 사람들을 사로잡을 것이다."

141 그들은 배들을 땅에 대고, 일체모든 것들을 버려두고 그분을 따랐습니다.

142 그분이 한 성에 계시게 되셨는데, 오! 문둥병으로 가득찬 남자, 그가 예수님을 보고 얼굴을 대고 엎드려, 그분께 간청하였는데, 말하기를, "주님! 원하신다면, 저를 깨끗하게할 수 있습니다."

143 그분이 손을 내밀어, 그를 만지셨으며, 말씀하시기를, "원하니, 깨끗해져라!"

144 곧바로 문둥병이 그에게서 갔습니다.

145 그분이 그에게 아무에게 말하지 말라고, 다만, "가서 제사장에게 자신을 보여주어라! 그리고 그들에게 증거가 되도록, 모세가 명한 그대로 너의 정결에 대하여 바쳐라!"라고 명령하셨습니다.

146 그분에 대한 말이 더욱 거쳐갔습니다. 많은 군중들이 들으려고, 또한 자기들의 연약함에서 그분에게 고침받으려고 함께

했습니다. 그러나 그분은 광야에 체류하시며 기도하시고 계셨습니다.

147 어느 날, 그분이 가르치시게 되셨는데, 갈릴리와 유대와 예루살렘 모든 마을에서 온, 바리새인들과 율법사들이 앉아있었습니다. 주님의 능력은 그들을 낫게하는데 있었습니다.

148 오! 남자들이 중풍병든 사람을 침대위에 데려와, 그를 끌고 들어가 그분 앞에 두려고 하였습니다. 군중 때문에 무엇을 통해 그를 끌고들어갈지를 발견하지 못하자, 지붕위에 올라가, 기와를 통해, 침상과 함께, 그를 예수님 앞 한가운데로 달아 내렸습니다.

149 그분이 그들의 믿음을 보시고, 그에게 말씀하셨습니다. "사람아! 네게서 네 죄들이 사해졌다."

150 서기관들과 바리새인들이 의논하기 시작했는데, 말하기를, "이 분이 누구신데, 모독을 얘기하는가? 오직 하나님 외에, 누가 죄들을 사할 수 있는가?"

151 그러자 예수님께서 그들의 의논들을 아시고, 대답하여 그들에게 말씀하셨습니다. "너희 마음에 무엇을 의논하느냐? '네게서 네 죄들이 사해졌다.'라고 말하는 것과 '일어나라! 그

리고 걸어라!' 라고 말하는 것 중 무엇이 더쉽겠느냐?

152 사람의 아들이 땅에서 죄들을 사하는 권세를 갖고있다는 것을 너희가 알기 위함이다." 그리고 중풍병든 자에게 말씀하셨습니다. "네게 말하는데, 일어나라! 그리고 네 침상을 들고가 네 집으로 가라!"

153 즉시 그들 앞에서 일어서, 기대어누웠던 것을 들고가, 하나님께 영광돌리며 자기 집으로 갔습니다.

154 일체모든 자들이 경이로움을 받았으며, 하나님께 영광돌렸으며, 두려움에 가득채워졌는데, 말하기를, "우리가 오늘 영광스러운 일들을 보았다."

155 이 후에, 그분은 나가셨으며, 이름이 레위인 세금징수원이 세관에 앉아있는 것을 눈여겨보셨으며, 그에게 말씀하셨습니다. "나를 따라라!"

156 그는 일체모든 것을 떠나, 일어서, 그분을 따랐습니다.

157 레위가 자기 집에서 그분에게 큰 초청잔치를 베풀었으며, 군중이 있었는데, 많은 세금징수원들 및 그들과 함께 기대어누워있던 다른 자들이었습니다.

158 그들의 서기관들과 바리새인들이 그분의 제자들을 원망하였
는데, 말하기를, "무엇때문에 세금징수원들 및 죄인들과 함
께 식사하고 마십니까?"

159 예수님께서 대답하여 그들에게 말씀하셨습니다. "건강한 자
들은 의사의 필요를 갖고있지 않지만, 다만 나쁘게 갖고있
는 자들은 필요를 갖고있다.

160 나는 의인들을 부르러 온 것이 아니고, 다만 죄인들을 회개
시키러 왔다."

161 그들이 그분에게 말했습니다. "요한의 제자들은 수시로 금식
하고 간구를 행하며, 바리새인들의 제자들도 비슷한데, 무
엇때문에 당신의 제자들은 식사하고 마십니까?"

162 그분이 그들에게 말씀하셨습니다. "신랑이 함께 있는데, 신
랑집 아들들을 금식하는 것을 행하게 할 수 없지 않느냐? 기
간이 올 것인데, 그들에게서 신랑을 빼앗길 때, 그때 그 기
간에는 금식할 것이다."

163 그리고 그들에게 비유를 말씀하셨습니다. "아무도 새 겉옷
조각을 낡은 겉옷에 붙이지 않는다. 그렇지 않으면, 그것이
새 것을 찢으며, 새 것에서의 조각이 낡은 것에 합심하지 않

는다.

164 아무도 새로운 포도주를 낡은 부대들에 넣지 않는다. 그렇지 않으면, 새로운 포도주가 부대들을 터뜨릴 것이며, 그것이 쏟아질 것이며, 부대들도 멸망할 것이다. 다만 새로운 포도주는 새 부대들에 붓는데 그러면 둘이 보존된다.

165 아무도 옛 것을 마시고, 곧바로, 새로운 것을 원하지 않는데, '옛 것이 더인자하다.'라고 말하기 때문이다."

166 첫번째 후 두번째 안식일에, 그분이 밀밭을 통하여 꼼꼼이 지나가시게 되셨습니다. 그분의 제자들이 이삭들을 잘라서 손으로 비비어 식사하였습니다.

167 그러자 몇몇 바리새인들이 그들에게 말했습니다. "왜, 안식의 날에 행하는 것이 옳지 않은 것을 행합니까?" 예수님께서 그들에게 대답하여 말씀하셨습니다. "다윗 및 그와 함께 있던 자들이 배고플 적에, 그가 행한 이것을 읽지 않았느냐? 그가 하나님의 집으로 들어가자, 하나님앞의 빵들을 받아서 먹었으며, 그와 함께한 자들에게도 주었는데, 오직 제사장들 외에는 먹는 것이 옳지 않은 것이었다."

168 그리고 그들에게 말씀하셨습니다. "사람의 아들은 안식일의

주인이다."

169 또다른 안식일에, 그분이 회당으로 들어가셔서 가르치시게 되셨습니다. 거기 사람이 있었는데, 그의 오른쪽 손이 말라있었습니다.

170 서기관들과 바리새인들은, 그분이 안식일에 고치시는가를 살펴지켰는데, 그분의 고소할증거를 발견하기 위함입니다.

171 그분은 그들의 의논들을 알고계셨으며, 마른 손을 갖고있는 사람에게 말씀하셨습니다. "일어나라! 그리고 한가운데 서라!"

172 그가 일어서 섰습니다.

173 그런즉 예수님께서 그들에게 말씀하셨습니다. "너희에게 물을 것인데, 무엇이 옳으냐? 안식의 날에 선행하는 것이냐, 아니면 악행하는 것이냐? 영혼을 구원하는 것이냐 아니면 멸망시키는 것이냐?"

174 그리고 그들 모두를 둘러보시고 사람에게 말씀하셨습니다. "네 손을 내밀어라!"

175 그가 이같이 행하였으며, 그의 손이 다른 손과 같이 온전하게 회복되었습니다.

176 그들은 어리석음으로 가득채워졌으며, 예수님에게 어떤 식으로 행할까를 서로 이야기나누었습니다.

177 이 기간에, 그분은 기도하시러 산으로 나가시게 되셨습니다. 그리고 하나님께의 기도로 밤새고 계셨습니다.

178 낮이 되었을 때, 그분은 그분의 제자들을 부르셨습니다. 그들 중에 열둘을 택해주셔서 그들을 사도들이라고 이름하셨는데, 베드로라고 이름하신 시몬과 그의 형제 안드레, 야고보와 요한, 빌립과 바돌로매, 마태와 도마, 알패오의 아들 야고보와 셀롯이라 불려지는 시몬, 야고보의 유다, 배반자가 된 유다 가룟입니다.

179 그분이 그들과 함께 내려오셔서, 평평한 장소에 서셨으며, 그분의 제자들의 군중 그리고 모든 유대와 예루살렘 및 두로와 시돈의 해안에서 많은 백성의 무리가, 그분에게 들으려고 그리고 자신들의 질병에서 나음받으려고 왔으며, 더러운 영들에게서 괴롭힘당하는 자들도 고침받았습니다.

180 모든 군중이 그분을 만지려 하였는데, 그분에게서 능력이 나
와서 모든 자들을 낫게하신 것입니다.

5장

181절~208절 [개역개정, KJV 6:20~6:49]

회개의 증거

5장

NEW
누가복음

181 그분이 자기 제자들을 향해 자신의 눈을 들어 말씀하셨습니다. "가난한 자들은 복있으니, 하나님의 왕국이 너희의 것이다.

182 지금 배고픈 자들은 복있으니, 배부를 것이다.

183 지금 우는 자들은 복있으니, 웃을 것이다.

184 사람의 아들을 인하여, 사람들이 너희를 미워할 때 그리고 너희를 갈라내며 욕하고 너희 이름을 악하다고 내보낼 때, 복있다. 그 날에 기뻐해라! 그리고 뛰놀아라! 오! 너희 보상이 하늘에서 많기 때문이다. 그들의 아버지들이 선지자들에게 이런 식으로 행하였기 때문이다.

185 그렇지만 부유한 자들인 너희에게 화있으니, 너희는 너희의 권면에 떨어져있다.

186 만족된 너희에게 화있으니, 배고플 것이다.

187 지금 웃는 너희에게 화있으니, 애통할 것이며 울 것이다.

188 모든 사람들이 너희를 좋게 말할 땐 너희에게 화있다. 그들의 아버지들이 거짓선지자들에게 이런 식으로 행하였기 때문이다.

189 다만, 듣는 너희에게 말하는데, 너희 원수들을 사랑해라! 너희를 미워하는 자들에게 좋게 행해라! 너희를 저주하는 자들을 축복해라! 너희를 모욕하는 자들을 위하여 기도해라!

190 네 뺨을 치는 자에게 다른 뺨도 하게해라! 네 겉옷을 들고가는 자에게서 속옷도 금하지 말 것이다.

191 네게 구하는 모든 자에게 주어라! 네 것을 들고가는 자에게서 돌려달라하지 말아라!

192 사람들이 너희에게 행하기를 원하는 그대로, 너희도 비슷하게 그들에게 행해라!

193 너희가 너희를 사랑하는 자들을 사랑한다면, 너희에게 무슨 은혜가 있겠느냐? 죄인들도 자기를 사랑하는 자들을 사랑

하기 때문이다.

194 만약 너희에게 선행하는 자들에게 선행한다면, 너희에게 무슨 은혜가 있겠느냐? 죄인들도 그처럼 행하기 때문이다.

195 만약 받아갖기를 소망하는 자들에게 빌려준다면, 너희에게 무슨 은혜가 있겠느냐? 죄인들도 동등한 것들을 받아가지려고 죄인들에게 빌려준다.

196 그렇지만 너희 원수들을 사랑해라! 선행해라! 아무것도 바라지 말고 빌려줘라! 그러면 너희 보상이 많을 것이며, 가장 높으신 분의 아들들이 될 것이다. 그분은 은혜모르는 자들과 악한 자들에게도 인자하시다.

197 그런즉 너희 아버지께서 자비로우신 것과 같이 자비롭게 되어라!

198 심판하지 말아라! 그러면 결코 심판받지 않으리라. 정죄하지 말아라! 그러면 결코 정죄되지 않으리라.

199 놓아보내라! 그러면 놓아보내질 것이다. 주어라! 그러면 너희에게 주어질 것이다.

200 눌려지고 흔들어지고 넘쳐지는 좋은 분량을 사람들이 너희 품으로 줄 것이다. 너희가 측정하는 그분량으로 너희도 반대로측정될 것이기 때문이다."

201 **그리고 비유로 그들에게 말씀하셨습니다.** "소경이 소경을 인도할 수 없지 않느냐? 둘이 구덩이로 떨어지지 않겠느냐? 제자가 그의 선생 위에 있지 않지만, 온전케된 모든 자가 그의 선생과 같을 것이다.

202 왜, 네 형제의 눈에 있는 티는 바라보지만, 자기자신의 눈에 있는 들보는 생각지 못하느냐? 어떻게 네 눈에 있는 들보는 바라보지 못하면서, 네 형제에게 '형제여! 네 눈에 있는 티를 내가 내보내게 허용해라!'라고 말할 수 있겠느냐?

203 위선자야! 첫번째로 네 눈에서 들보를 내보내라! 그때 네 형제의 눈에 있는 티를 내보내도록 밝히볼 것이다.

204 좋은 나무가 못된 열매를 맺지 못하며, 못된 나무가 좋은 열매를 맺지 못하기 때문이다. 각각의 나무는 자기자신의 열매로 알려지기 때문이다. 가시나무에서 무화과를 골라내지 못하며 가시덤불에서 포도를 따지 못하기 때문이다.

205 선한 사람은 그 마음의 선한 보물에서 선한 것을 가져다놓

는다. 악한 사람은 그 마음의 악한 보물에서 악한 것을 가져다놓는다. 그의 입은 마음의 가득한 것에서 얘기하기 때문이다.

206 왜, 나를 '주님! 주님!'이라고 부르면서, 내가 말하는 것을 행하지 않느냐? 나에게 와서 내 말씀들을 듣고 그것들을 행하는 모든 자가, 누구와 비슷한지를 너희에게 가르칠 것이다.

207 그는 파냈으며 깊게하였으며 바위에 기초를 둔 집을 짓는 사람과 비슷하다. 가득참이 일어나, 강이 그 집에 맞닥뜨렸으나, 그것을 흔드는데 강하지 않았다. 바위에 기초되었었기 때문이다.

208 듣고 행하지 않는 자는, 기초 외에 땅에 집을 짓는 사람과 비슷하여, 강이 맞닥뜨렸으며 곧바로 무너졌으며 그 집의 파괴가 크게 되었다."

6장

209절~338절 [개역개정, KJV 7:1~9:27]

회개와 성결

6장

NEW
누가복음

209　그분은 그분의 모든 선포된말씀들을 백성의 소문으로 성취하신 다음, 가버나움으로 들어가셨습니다.

210　나쁘게 갖고있는, 백부장의 어떤 종이 사망하게 될 것인데, 그에게 존귀한 자였습니다.

211　그가 예수님에 대하여 듣고, 오셔서 자기 종을 구해주시기를 그분께 요구하여묻도록, 유대인들의 장로들을 그분께 보냈습니다.

212　그들이 예수님에게 와서 그분께 간절히 권면하였는데, 말하기를, "그는 당신이 이 일을 하실 것에 마땅합니다. 그는 우리 이방인을 사랑하고, 그가 우리에게 회당을 지었기 때문입니다."

213　그들과 함께, 예수님께서 가셨습니다. 이미 그분이 집에서 멀

리 떨어져있지 않았는데, 백부장이 그분에게 친구들을 보내었으며, 그분께 말하기를, "주님! 고생되지 마십시오! 당신이 제 지붕 아래 들어오시기에는, 제가 매우크지 않기 때문입니다. 때문에, 저자신도 당신에게 가는 것이 당연치 않습니다. 다만, 말씀으로 말씀하십시오! 그러면 제 하인이 나음받을 것입니다.

214 저라는 사람도, 정해진 권세아래 있으며, 제가 저자신 아래에 군인들을 갖고있어, 이 자에게 '가라!'라고 말하면 그가 갑니다. 다른 자에게 '와라!'라고 말하면, 그가 옵니다. 제 종에게 '이것을 행해라!'라고 말하면, 그가 행하기 때문입니다."

215 예수님께서 이 말을 들으시고, 그를 기이히여기셨습니다. 그분을 따르는 군중에게 돌아서셔서 말씀하셨습니다. "너희에게 말하는데, 이스라엘에서 이만한 믿음을 발견하지 못했다."

216 보내어진 자들이 집으로 돌아가, 병들은 종이 건강해진 것을 발견하였습니다.

217 그다음 날에, 그분은 나인이라 불리는 성으로 가시게 되셨는데, 그분의 매우많은 제자들과 많은 군중이 그분과 동행하였습니다.

218 그분이 성의 출입문에 가까워지자, 오! 죽은 자가 메고나와지는데, 그의 어머니에게 독생한 아들이며, 이자는 과부였습니다. 그녀와 함께, 매우많은 성의 군중도 있었습니다.

219 주님께서 그녀를 보시고, 그녀에 대해 불쌍해하셨으며 그녀에게 말씀하셨습니다. "울지 말아라!"

220 그리고 나아오셔서, 관을 만지셨습니다. 그러자 짊어진 자들이 섰습니다. 그분이 말씀하셨습니다. "청년아! 네게 말하는데, 일으켜져라!"

221 죽은 자가 바르게앉았으며 얘기하기 시작했습니다. 그분이 그를 그의 어머니에게 주셨습니다.

222 두려움이 일체모든 자들을 받았으며, 그들이 하나님께 영광 돌렸는데, 말하기를, "큰 선지자가 우리 가운데 일으켜졌으며, 또한 하나님께서 자기 백성을 돌아보셨다."

223 그분에 대하여, 이 말이 온 유대와 모든 주변지방에 나갔습니다.

224 요한의 제자들이 이 모든 일에 대하여 그에게 전했습니다.

225 요한이 그의 제자들 중 둘을 불러, 예수님에게 보내었는데, 말하기를, "당신이 오시는 분이십니까? 아니면 다른 분을 기대합니까?"

226 남자들이 그분에게 와서 말했습니다. "세례 요한이 우리를 당신에게 보내었는데, 말하기를, '당신이 오시는 분이십니까? 아니면 다른 분을 기다립니까?'"

227 그 시간에, 그분은 많은 자들을 질병들과 채찍고통들과 악한 영들에서 고치셨으며, 많은 눈먼 자들을 보도록 용서하셨습니다.

228 예수님께서 대답하여 그들에게 말씀하셨습니다. "가서, 보고 들은 것들을 요한에게 전해라! 눈먼 자들이 올려보며, 저는 자들이 걸으며, 문둥병자들이 깨끗해지며, 말못하는 자들이 들으며, 죽은 자들이 일으켜지며, 가난한 자들은 복음전해진다. 만약 내게 실족되지 않는다면, 그는 복있다."

229 요한의 전달자들이 가자, 그분은 군중들에게 요한에 대하여 말씀하기 시작하셨습니다. "너희가 무엇을 눈여겨보려고 광야로 나갔느냐? 바람 아래 흔들리는 갈대냐? 다만, 무엇을 보려고 나갔느냐? 부드러운 겉옷들을 입은 사람이냐? 오! 영광스러운 겉속옷을 입고 사치스러움을 보유하고 있는 자

는 왕궁에 있다.

230 다만, 무엇을 보려고 나갔느냐? 선지자냐? 그렇다! 너희에게 말하는데, 선지자보다 더나은 자다.

231 이 자는 '오! 내가 네 앞서 내 전달자를 보내는데, 그가 너보다 앞에 네 길을 예비할 것이다.'라고 기록된 자다.

232 너희에게 말하는데, 여자들이 낳은 자들 중에 선지자 세례요한보다 더큰 자가 아무도 없기 때문이다. 그러나 하나님의 왕국에서 더작은 자가 그보다 더크다."

233 모든 백성과 세금징수원들은 요한의 세례를 세례받았기에, 듣고 하나님을 의롭게여겼습니다. 바리새인들과 율법사들은 스스로 하나님의 뜻하심을 저버렸는데, 그에게서 세례받지 않은 것입니다.

234 주님께서 말씀하셨습니다. "그런즉 나는 이 세대들의 사람들을 무엇과 비슷하게여길 것인가? 그들이 무엇과 비슷한가? 그들은 시장에 앉아, 남들을 부르며, '우리가 너희에게 피리 불었지만 너희는 춤추지 않았다. 우리가 너희에게 슬피울었지만 울지 않았다.'라고 말하는 아이들과 비슷하다.

235 세례 요한이 와서, 빵도 식사하지 않고 포도주도 마시지 않자, '그는 귀신을 갖고있다.'라고 너희는 말하기 때문이다.

236 사람의 아들이 와서 식사하고 마시자, '오! 탐식과 애주의 사람이며, 세금징수원들과 죄인들의 친구다.'라고 말한다.

237 지혜는 그 모든 자녀들로부터 의롭게여겨졌다."

238 바리새인들 중 어떤 자가, 자기와 함께 잡수실 것을 그분께 요구하여물었습니다. 그분은 바리새인의 집으로 들어가 앉히셨습니다.

239 오! 그 성에, 죄인인 여자가, 그분이 바리새인의 집에 앉으셨다는 것을 알고, 향유의 옥합을 받아내어, 그분의 발 곁 뒤에, 서서 울면서, 그분의 양발에 눈물을 비내리기 시작했으며, 자기 머리의 털로 씻기었고, 그분의 양발에 입맞추었고, 향유로 기름발랐습니다.

240 그분을 부른 바리새인이 보고, 속으로 말했습니다. "이 분이 선지자라면, 자신을 만지는 여자가 누구라해도, 누구인지를 그리고 어떠한지를 곧 그녀가 죄인인 것을 알았을 것이다."

241 예수님께서 대답하여 그에게 말씀하셨습니다. "시몬아! 네게

말할 것을, 나는 갖고있다.”

242 그가 들려줍니다. “선생님! 말씀하십시오!”

243 “어떤 채권자에게 2명의 채무자가 있었다. 한 명은 500데나리온을 빚겼고, 또다른 한명은 50데나리온을 빚겼다.

244 그들은 갚을 것을 갖고있지 않았기에, 그가 둘을 용서하였다. 그런즉 그들 중 누가 그를 더많이 사랑할 것인지를 말해라!”

245 시몬이 대답하여 말했습니다. “그가 더많이 용서한 자라고, 저는 받아들입니다.”

246 그러자 그분이 그에게 말씀하셨습니다. “네가 옳게 심판하였다.”

247 그분이 여자에게 돌아서셔서, 시몬에게 들려주셨습니다. “이 여자를 보느냐? 내가 네 집으로 들어왔으나, 너는 내 발에 물도 주지 않았다. 그러나 이 자는 눈물을 내 양발에 비내렸으며, 자기 머리의 털로 씻겼다.

248 너는 내게 입맞춤을 주지 않았다. 그러나 이 자는 내가 들어

와서부터, 내 양발에 입맞추기를 그만두지 않았다.

249 너는 내 머리에 기름을 기름바르지 않았다. 그러나 이 자는 내 양발에 향유를 기름발랐다.

250 이러하므로 네게 말하는데, 그녀의 많은 죄들이 사해졌기에, 그녀가 많이 사랑하는 것이다. 적게 사해진 자는 적게 사랑한다.”

251 그분이 그녀에게 말씀하셨습니다. “네 죄들이 사해졌다.”

252 함께앉은 자들이 속으로 말하기 시작했습니다. “죄들도 사하시는 이 분이 누구신가?”

253 그분이 여자에게 말씀하셨습니다. “네 믿음이 너를 구원하였다. 평안히 가라!”

254 차례로, 그분은 성과 마을마다 철저히길따라가시며, 하나님의 왕국을 전파하시며 복음전하여졌습니다. 그분과 함께 열둘이 있었고 또한 악한 영들과 연약함들에서 고침받은 어떤 여자들 곧 일곱 귀신들이 나갔던 막달라라 불리는 마리아와, 헤롯의 청지기 구사의 여자 요안나와, 수산나와, 자기들이 보유한 것으로 그분을 섬긴 또다른 많은 여자들이 있었습니다.

255 많은 군중이 모여들어, 성마다 그분에게 도달하자, 그분이 비유를 통해 말씀하셨습니다.

256 "씨뿌리는 자가 그의 파종씨를 씨뿌리러 나갔다. 그가 뿌리는데, 하나는 길가에 떨어졌고, 밟혔고, 하늘의 새들이 그것을 먹어버렸다.

257 또다른 하나는, 바위 위에 떨어졌으며, 났다가, 습기를 갖고 있지 않기 때문에 말랐다.

258 또다른 하나는, 가시나무들 한가운데 떨어졌으나, 가시나무들이 함께자라, 그것을 질식시켰다.

259 또다른 하나는, 선한 땅에 떨어졌으며, 났다가, 100배의 열매를 맺었다."

260 이것을 말씀하시고 소리내어부르셨습니다. "들을 귀를 갖고 있는 자는 들어라!"

261 그분의 제자들이 그분께 물었는데, 말하기를, "이 비유가 무엇인지요?" 그러자 그분이 말씀하셨습니다. "너희에게는 하나님의 왕국의 비밀들을 알도록 주어졌으나, 남은 자들에게는 비유들로 주어졌는데, 그들이 보아도 보지 못하며 들어

도 깨닫지 못하기 위함이다.

262 이 비유는 이렇다. 파종씨는 하나님의 말씀이다. 길가에 것들은 듣는 자들이지만, 후에 마귀가 와서 그들의 마음에서 말씀을 들고가는데, 믿고서 구원받지 못하게 하기 위함이다.

263 바위 위에 것들은, 들을 때 기쁨으로 말씀을 영접하나, 이들은 뿌리를 갖고있지 않아, 한 때 믿으나 시험의 때에 떠난다.

264 가시나무들에 떨어진 것, 이들은 듣는 자들이지만, 염려들과 부유함과 가는 살림의 향락들에게서 막혀, 끝까지열매맺지 못한다.

265 좋은 땅에 것, 이들은 좋고 선한 마음으로 말씀을 듣고 차지하여, 인내로 열매맺는 자들이다.

266 아무도 등잔을 켜서, 그것을 그릇으로 덮거나 침대 아래쪽에 두지 않는다. 다만, 등잔대에 얹는데, 들어가는 자들이 빛을 보기 위함이다.

267 공개되지 않을 은밀한 것은 없으며, 알려지지 않고 공개한 것으로 오지 않을 숨긴 것도 없기 때문이다.

268 그런즉 너희가 어떻게 듣는지 보아라! 갖고있는 자마다 그에게 주어질 것이며, 갖고있지 않은 자마다 갖고있다고 생각하는 것도 그에게서 들고가질 것이기 때문이다."

269 그분의 어머니와 형제들이 그분에게 왔으나, 군중 때문에 그분과 함께누릴 수 없었습니다.

270 그리고 그분께 전해졌는데, 말하기를, "당신의 어머니와 당신의 형제들이 당신을 보기를 원하여 밖에 서있습니다."

271 그러자 그분이 대답하여 그들에게 말씀하셨습니다. "내 어머니와 내 형제들, 이들은 하나님의 말씀을 듣고 그것을 행하는 자들이다."

272 어느 날, 그분이 그분의 제자들과 배로 오르시게 되셨으며, 그들에게 말씀하셨습니다. "우리가 호수 건너로 거쳐가보자." 그들이 이끌려졌습니다.

273 그들이 행선하는데 그분은 선잠드셨습니다. 호수로 바람의 폭풍이 내려왔으며, 그들은 함께당면되었으며 위험하였습니다.

274 그들이 나아와 그분을 깨웠는데, 말하기를, "스승님! 스승님!

우리가 멸망합니다."

275 그분이 일으켜져, 바람 및 물의 밀려옴을 꾸짖으셨습니다. 그것들이 그쳤으며, 고요함이 되었습니다.

276 그분이 그들에게 말씀하셨습니다. "너희 믿음이 어디 있느냐?"

277 그들이 두려워하고 기이히여겼는데, 서로 말하기를, "바람과 물에 분부하시자, 그것들이 그분께 순종하니, 그렇다면 이 분이 누구신가?"

278 그들은 갈릴리 반대편에 있는 거라사인들의 지방에 도착하였습니다.

279 그분이 땅에 나오시자, 성에서 나온 어떤 남자가 그분을 만났는데, 그는 매우긴 동안 귀신들을 갖고있었으며, 겉옷을 옷입지 않았으며, 집에 머물지 않았으며, 다만 굴무덤들 안에 머물렀습니다.

280 그가 예수님을 보고 부르짖으며, 그분 앞에엎드렸으며, 큰 음성으로 말했습니다. "나와 당신이 무슨 상관입니까? 예수여! 가장높으신 하나님의 아들이여! 당신께 간청하는데, 저를 괴

롭히지 마십시오."

281 그 사람에게서 나오라고, 그분이 더러운 영에게 명령하셨기 때문입니다. 많은 때에, 그가 그를 포로삼았었으며, 또한 그가 지켜지려고 쇠사슬들과 쇠고랑들에 동여매여졌지만, 결박들을 찢고 귀신에게서 광야로 밀려갔기 때문입니다.

282 예수님께서 물으셨는데, 말씀하시기를, "네 이름이 무엇이냐?" 그러자 그가 말했습니다. "군대입니다." 많은 귀신이 그에게 들어간 것입니다.

283 그는 그분이 자기들에게 음부로 가라고 분부하지 말기를 권면하였습니다.

284 거기 산에, 매우많은 돼지들의 떼가 먹고 있었습니다. 그들이 그것들에게 들어가도록 자신들에게 허락하시기를 그분께 권면했습니다.

285 그분이 그들에게 허락하셨습니다.

286 귀신들이 그 사람에게서 나와 돼지들에게로 들어갔으며, 그 떼가 비탈을 따라 호수로 달려들었으며 질식되었습니다.

287 먹이던 자들은 되어진 일을 보고 도망하였으며, 가서, 성과 촌들로 전하였습니다.

288 그러자 그들은 되어진 일을 보려고 나왔습니다. 예수님에게 왔는데, 귀신들이 나갔었던 사람이, 예수님의 발 곁에서 겉옷 입혀지고 정신차려앉아있는 것을 발견하였으며 두려워하여 졌습니다.

289 본 자들은, 귀신들렸던 자가 어떻게 구원받았는지를 그들에게 전하였습니다.

290 거라사인들의 주변지방의 일체모든 무리가, 큰 두려움에 사로잡혔기에, 자기들에게서 가실 것을 그분께 요구하여물었습니다. 그러자 그분은 배로 오르셔서 돌아가셨습니다.

291 자기에게서 귀신들이 나갔었던 남자가, 그분께, 자기와 함께 계시기를 간청하였습니다.

292 그러자 예수님께서 그를 놓아보내셨으며, 말씀하시기를, "너의 집으로 돌아가라! 그리고 하나님께서 네게 행하신 일들을 각인시켜라!"

293 그가 가서, 예수님께서 자기에게 행하신 일들을 온 성마다 전

파하였습니다.

294 예수님께서 돌아오시게 되셨으며, 군중이 그분을 환영하였습
니다. 모든 자들이 그분을 기대하고 있었기 때문입니다.

295 오! 이름이 야이로인 남자가 왔으며, 그는 회당의 통치자로
보유하였는데, 예수님의 발 곁에 엎드려, 자기 집으로 들어오
시기를 그분께 권면하였습니다. 그에게 약 12살의 독생한 딸
이 있었는데, 이 자가 죽어갑니다.

296 그분이 가시는데, 군중들이 그분을 막았습니다.

297 12살부터, 피의 유출이 있어, 의사들에게 온 살림을 허비하
는데도, 고침받는데 아무에게도 강하지 않은 여자가, 뒤로 나
아와, 그분의 겉옷의 자락을 만졌는데, 즉시 그녀의 피의 유
출이 섰습니다.

298 예수님께서 말씀하셨습니다. "나를 만진 자가 누구냐?"

299 모든 자들이 부인하자, 베드로 및 그와 함께한 자들이 말했습
니다. "스승님! 군중들이 당신을 사로잡으며 밀치는데, '나를
만진 자가 누구냐?'라고 말씀하십니다."

300 그러자 예수님께서 말씀하셨습니다. "누가 나를 만졌다. 내게서 능력이 나간 것을 내가 알았기 때문이다."

301 여자는 모르게하지 못한 것을 보고, 떨면서 왔으며, 그분을 만진 죄목 때문에, 그분께 앞에엎드려, 즉시 나음받은 것을, 모든 백성 앞에서 그분께 전했습니다.

302 그러자 그분이 그녀에게 말씀하셨습니다. "담대해라! 딸아! 네 믿음이 너를 구원하였다. 평안히 가라!"

303 그분이 여전히 얘기하시는데, 회당장에게 어떤 자가 오고, 그에게 말하기를, "당신의 딸이 죽었습니다. 선생님을 고생시키지 마십시오!"

304 예수님께서 들으시고 그에게 대답하셨으며, 말씀하시기를, "두려워하지 말아라! 오직 믿어라! 그러면 그녀가 구원받을 것이다."

305 그분은 집으로 들어가시면서, 베드로와 야고보와 요한 및 아이의 아버지와 어머니 외에는, 아무도 들어가는 것을 허용하지 않으셨습니다.

306 모든 자들이 울며 그녀에 가슴쳤습니다.

307 그분이 말씀하셨습니다. "울지 말아라! 죽지 않았으며, 다만 잔다."

308 그들은 그녀가 죽었다고 알았기에, 그분을 비웃습니다.

309 그분이 모든 자들을 밖으로 내보내시고, 그녀의 손을 붙잡고 소리내어부르셨는데, 말씀하시기를, "아이야! 일어나라!"

310 그녀의 영이 돌아왔으며, 즉시 일어섰습니다. 그분이 그녀에게 먹을 것을 주라고 지정하셨습니다.

311 그녀의 부모가 놀랐습니다. 그분은 되어진 일을 아무에게도 말하지 말 것을 그들에게 명령하셨습니다.

312 그분이 그분의 12 제자들을 불러모으시고, 모든 귀신들에 대한 그리고 질병들을 고치는 능력과 권세를 그들에게 주셨으며, 하나님의 왕국을 전파하고 병든 자들을 낫게하라고 그들을 보내셨습니다.

313 그리고 그들에게 말씀하셨습니다. "길을 위하여 아무 것도 들고가지 말아라! 지팡이도 가방도 빵도 은도 2벌의 속옷도 갖고 들고가지 말아라!

314 집으로 들어가는 자마다 거기 머물러라! 그리고 거기서 나가라!

315 누구든지 너희를 영접하지 않으면, 그들에 대한 증거로, 그 성에서 나가면서 너희 양발에서 먼지를 떨쳐버려라!"

316 그러자 그들이 나가서, 곳곳에서 복음전파하여지고 고치면서, 마을마다 거쳐갔습니다.

317 4분봉왕 헤롯이 그분에게서 되어진 모든 일을 들었는데, 어떤 자들에게서는 "요한이 죽은 자들에서 일으켜졌다.", 어떤 자들에게서는 "엘리야가 나타나졌다.", 다른 자들에게서는 "옛사람들 중 선지자 한 명이 일어섰다."라고 말되었기 때문에, 당황하였습니다.

318 헤롯이 말했습니다. "내가 요한을 목베었다. 그러나 내가 이런 일들을 듣는, 이 자는 누구인가?" 그리고 그분을 보고자 하였습니다.

319 사도들이 돌아와, 자기들이 행한 것들을 그분께 각인시켰습니다. 그분은 그들을 데리고, 벳새다라 불리는 성의 한적한 장소로 따로 체류하셨습니다.

320 군중들이 알고 그분을 따랐습니다. 그분은 그들을 영접하시고, 하나님의 왕국에 대하여 그들에게 얘기하셨으며, 고침의 필요를 갖고있는 자들을 낫게하셨습니다.

321 낮이 눕기 시작했습니다. 그러자 열둘이 나아와 그분께 말했습니다. "군중을 놓아보내십시오! 주위 마을들과 촌들로 가서, 융합하여 식사거리를 발견하기 위함입니다. 우리가 있는, 여기는 한적한 장소입니다."

322 그분이 그들에게 말씀하셨습니다. "너희가 그들에게 먹을 것을 주어라!"

323 그들이 말했습니다. "우리가 가서, 이 모든 백성에게 양식들을 사지 않는다면, 5개 빵과 2마리 물고기 외에, 우리에게 더 많이는 없습니다."

324 약 5,000명의 남자들이 있었기 때문입니다.

325 그분이 그분의 제자들에게 말씀하셨습니다. "그들을 50명씩 떼로 뉘여앉혀라!"

326 그들이 이렇게 행하였으며, 일체모두를 앉혔습니다.

327 그분이 5개 빵과 2마리 물고기를 받으시고, 하늘로 올려보시고, 그것들을 축복하셨으며, 떼어내셨으며, 군중에게 내주도록 제자들에게 주셨습니다.

328 모든 자들이 먹었으며 배불렀습니다. 조각들의 남은 것이 12바구니로 그들에게 들고가졌습니다.

329 그분이 혼자 기도하시고 계시게 되셨는데, 제자들이 그분과 함께있었습니다. 그분이 그들에게 물으셨는데, 말씀하시기를, "군중들이 나를 누구라고 말하느냐?"

330 그들이 대답하여 말했습니다. "세례 요한이라고 말합니다. 다른 자들은 엘리야라고 말합니다. 다른 자들은 옛사람들 중 어떤 선지자가 일어섰다고 말합니다."

331 그분이 그들에게 말씀하셨습니다. "너희는 나를 누구라고 말하느냐?"

332 그러자 베드로가 대답하여 말했습니다. "하나님의 그리스도십니다."

333 그분이 그들을 꾸짖어, 이것을 아무에게도 말하지 말라고 명령하셨으며, 말씀하시기를, "사람의 아들은 많이 고난받고,

장로들과 대제사장들과 서기관들에게서 버림받아 죽임당하고, 제 3일에 일으켜져야 한다."

334 **그리고 모든 자들에게 말씀하셨습니다.** "누가 나를 뒤쫓아오기를 원한다면, 자신을 부인해라! 날마다 자기 십자가를 들고가라! 그리고 나를 따라라!

335 자기 영혼을 구원하기를 원하는 자마다, 그것을 멸망시킬 것이다. 나를 인하여 자기 영혼을 멸망시키는 자마다, 이 자는 그것을 구원할 것이기 때문이다.

336 왜냐하면 온 세상을 얻고도, 자신을 멸망시키거나 잃어버리면, 사람이 무엇이 유익되겠느냐?

337 나와 우리 말들을 부끄러워해하는 자마다, 사람의 아들도 그와 아버지와 거룩한 천사들의 영광으로 올 때, 이 자를 부끄러워해할 것이기 때문이다.

338 너희에게 참으로 말하는데, 여기 서있는 자들 중 하나님의 왕국을 보기까지, 죽음을 맛보지 않을 자들이 있다."

장

339절~459절 [개역개정, KJV 9:28~11:54]

회개와 치료

7장

NEW
누가복음

339 이 말씀 후, 8일 정도 되었고, 베드로와 요한과 야고보를 데리고 기도하러 산으로 올라가셨습니다.

340 그분이 기도하시는데, 그분의 또다른 얼굴의 모습과 그분의 흰 겉속옷은 찬란하게 되었습니다.

341 오! 두 남자가 그분과 대화했는데, 그들은 영광 중에 보여진 모세와 엘리야였으며, 예루살렘에서 성취하려고 하시려는 그분의 별세를 말했습니다.

342 베드로 및 그와 함께한 자들은 잠으로 피곤해져 있었습니다.

343 그러다 완전히깨어, 그분 및 그분과 함께서있는 두 남자들의 영광을 보았습니다.

344 그들이 그분에게서 단절되게 되었는데, 베드로는 자기가 말

하는 것도 알지 못하며, 예수님에게 말했습니다. "스승님! 우리가 여기 있는 것이 좋습니다. 우리가 성막 셋을 만들려는데, 하나는 당신에게, 모세에게 하나 그리고 하나는 엘리야에게입니다."

345 그가 이것을 말하는데, 구름이 생겼으며 그들을 덮었습니다. 그러자 구름으로 들어가는 그것에, 그들이 두려워하였습니다.

346 구름에서 음성이 있었는데, 말하기를, "이 자는 사랑하는 내 아들이다. 너희는 그에게 들어라!"

347 음성이 있자, 오직 예수님이 발견되셨습니다.

348 그들은 조용하였으며, 아무도 그들이 본 어떤 것도, 그 기간에는 전하지 않았습니다.

349 그다음 날에, 그들이 산에서 당도하게 되었으며, 많은 군중이 그분을 만났습니다.

350 오! 군중 중에서 한 남자가 탄원하였으며, 말하기를, "선생님! 당신께 간청하는데, 제게 독생한, 제 아들을 관심가져주십시오! 오! 영이 그를 받으며, 갑자기 소리지르며, 그를 거

품있는 경련일으키며, 그를 상하게하고 그에게서 겨우 떠나 갑니다.

351 당신의 제자들에게 그를 내보내시기를 간청해졌으나, 그들은 할 수 없었습니다."

352 예수님께서 대답하여 말씀하셨습니다. "오오! 믿음없고 거역되는 세대여! 언제까지 내가 너희와 있을 것이며, 너희를 용납할 것인가? 네 아들을 여기 인도하여와라!."

353 그가 여전히 나아오는데, 귀신이 그를 터뜨렸으며 전신경련일으켰습니다. 그러자 예수님께서 더러운 영을 꾸짖으셨으며, 아이를 낫게하셨으며, 그의 아버지에게 그를 갚으셨습니다.

354 모든 자들이 하나님의 위엄에 놀라와하였습니다.

355 모든 자들이 예수님께서 행하신 모든 일에 기이히여기는데, 그분이 자기 제자들에게 말씀하셨습니다. "너희들은 이 말을 너희 귀에 두어라! 사람의 아들이 사람들의 손에 넘겨지게 될 것이기 때문이다."

356 그러나 그들은 이 선포된말씀을 못통찰하였으며, 그것을 감지하지 못하도록 그들에게서 은폐되어 있었습니다. 그리고

이 선포된말씀에 대하여, 그분께 요구하여묻는 것을 두려워하였습니다.

357 의논이 그들 중에 들어갔는데, 곧, 그들 중 누가 더크냐는 것입니다.

358 그러자 예수님께서 그들 마음의 의논을 보시고, 아이를 붙드시고, 자신 곁에 그를 세우셨으며, 그들에게 말씀하셨습니다. "만약 내 이름으로 이 아이를 영접하는 자는, 나를 영접하는 것이다. 만약 나를 영접하는 자는, 나를 보내신 분을 영접하는 것이다.

359 너희 모든 자들 가운데, 더작게 보유하는 자, 이 자가 크게 있을 것이기 때문이다."

360 요한이 대답하여 말했습니다. "스승님! 어떤 자가 당신의 이름으로 귀신들을 내어보내는 것을 우리가 보았으며, 그가 우리와 함께 따르지 않기에 그를 금하였습니다."

361 예수님께서 그에게 말씀하셨습니다. "금하지 말아라! 우리를 거스르지 않는 자는 우리를 위하기 때문이다."

362 그분의 승천의 기간이 함께당면되게 되었으며, 그분은 예루

살렘으로 가기로 그분의 얼굴을 굳게하셨습니다.

363 그리고 그분은 자신보다 앞서 전달자들을 보내셨습니다.

364 그들은 가다가, 그분에게 준비하려고, 사마리아인들의 마을로 들어갔습니다.

365 그분의 얼굴이 예루살렘으로 가시고 있었기에, 그들은 그분을 영접하지 않았습니다.

366 그분의 제자 야고보와 요한이 보고 말했습니다. "주님! 엘리야가 행한 것같이, 하늘에서 불을 내려 그들을 분리소멸하라고 우리가 말하기를 원하십니까?"

367 그분이 돌아서셔서, 그들을 꾸짖으셨으며 말씀하셨습니다. "너희는 너희가 영에 속한 것을 알지 못한다. 사람의 아들은 사람들의 영혼들을 멸망시키려고 온 것이 아니요, 다만 구원하러 왔기 때문이다."

368 그들은 또다른 마을로 갔습니다.

369 그들이 길로 가게 되었으며, 누가 그분에게 말했습니다. "당신이 가시는 곳마다, 제가 당신을 따를 것입니다. 주님!"

370 예수님께서 그에게 말씀하셨습니다. "여우들은 굴을, 하늘의 새들은 보금자리을 갖고있다. 그러나 사람의 아들은 어디 머리를 누울 곳을 갖고있지 않다."

371 그분이 또다른 자에게 말씀하셨습니다. "나를 따라라!"

372 그러자 그가 말했습니다. "주님! 첫번째로 가서 제 아버지를 장례하도록 제게 허락해주십시오!"

373 예수님께서 그에게 말씀하셨습니다. "죽은 자들이 자신들의 죽은 자들을 장례하도록 버려두어라! 너는 가서, 하나님의 왕국을 일러주어라!"

374 또다른 자도 말했습니다. "당신을 따를 것입니다. 주님! 그러나 첫번째로 제 집에 있는 자들에게 작별하도록 저를 허락해주십시오!"

375 예수님께서 그에게 말씀하셨습니다. "그의 손을 쟁기에 붙이고, 뒤를 보는 누구도 하나님의 왕국에 적합치 않다."

376 이 후에, 주님은 또다른 70명을 임명하셨으며, 그분이 가시게 될 모든 성과 장소로 그분보다 앞서 그들을 둘씩 보내셨습니다.

377 **그분이 그들에게 말씀하셨습니다.** "추수는 많으나 일꾼들이 적다. 그런즉 추수의 주인에게, 그분의 추수할 일꾼들을 내 보내달라고 간청하여라!

378 가라! 오! 내가 늑대들 한가운데 어린양들같이 너희를 보 낸다.

379 지갑도 가방도 신발도 짊어지지 말아라! 길에서는 아무에게 도 평안인사하지 말아라!

380 너희가 들어가는 집마다, 첫번째로 '이 집에 평안'이라고 말 해라!

381 거기 평안의 아들이 있다면, 너희 평안이 그에게 머물며쉬 게할 것이다. 그렇지 않으면 너희에게 돌이킬 것이다.

382 그들에게 있는 것들을 식사하고 마시면서, 그 집에 머물러 라! 일꾼은 그의 보상이 마땅하기 때문이다.

383 집에서 집으로 옮겨가지 말아라!

384 너희가 들어가는 성마다, 그들이 너희를 영접한다면, 너희 에게 내준 것들을 식사해라! 거기서 연약한 자들을 고쳐라!

'너희에게 하나님의 왕국이 가까왔다.'라고 말해라!

385 너희가 들어가는 성마다, 그들이 너희를 영접하지 않는다면, 그 큰거리로 나와서, '너희 성에서 우리에게 묻은 먼지를 너희에게 털어버린다. 그렇지만 너희가 이것을 아는데, 너희에게 하나님의 왕국이 가까왔다.'라고 말해라!

386 내가 너희에게 말하는데, 그 기간에, 소돔들이 그 성보다 더 참을만할 것이다.

387 네게 화있다! 고라신아! 네게 화있다! 벳새다야! 두로와 시돈에서 너희 가운데 일어난 능력들이 일어났다면, 벌써 베옷입고 재에 앉아 회개하였다.

388 그렇지만 심판시 두로와 시돈이 너희보다 더참을만할 것이다.

389 하늘까지 높아진 너, 가버나움아! 지옥까지 내려가질 것이다.

390 너희에게 듣는 자는 나에게 듣는 것이다. 너희를 저버리는 자는, 나를 저버리는 것이다. 나를 저버리는 자는 나를 보내신 분을 저버리는 것이다."

391 70명이 기쁨으로 돌아왔으며, 말하기를, "주님! 귀신들도 당신의 이름으로 우리에게 복종적입니다."

392 그러자 그분이 그들에게 말씀하셨습니다. "나는 사탄이 하늘에서 번개같이 떨어지는 것을 지켜보았다.

393 오! 내가 너희에게 뱀들과 전갈들을 짓밟는 그리고 원수의 모든 능력에 대한 권세를 준다. 아무도 너희를 결코 불의하게하지 못하리라.

394 그렇지만 영들이 너희에게 복종적인 이것으로 기뻐하지 말아라! 그분이 하늘들에 너희 이름들을 기록하신 것을 더욱 기뻐해라!"

395 그 시간에, 예수님께서는 영으로 즐거워하셨으며 말씀하셨습니다. "당신께 공개발언합니다. 아버지! 하늘과 땅의 주님! 이것들을 지혜로운 자들과 현명한 자들에게서 숨기셨으며, 어린아이들에게 그것들을 나타내셨습니다. 그렇습니다! 아버지! 당신 앞의 기쁘신뜻이 이같이 된 것입니다."

396 그리고 제자들을 돌아보시며 말씀하셨습니다. "모든 것들이 내 아버지에게서 내게 넘겨졌다. 아들이 누구인지를 아버지 외에는 아무도 알지 못하며, 아들 및 아들이 나타내기를 뜻

하는 자 외에는 아버지가 누구인지, 아무도 알지 못한다.”

397 그리고 제자들에게 따로 돌아서셔서 말씀하셨습니다. “너희가 보는 것을 보는 눈은 복있다.

398 너희에게 말하는데, 많은 선지자들과 왕들은 너희가 보는 것들을 보기를 원하였으나, 보지 못하였다. 너희가 듣는 것들을 듣기를 원하였으나 듣지 못하였다.”

399 오! 어떤 율법사가 그분을 시험하려고 일어섰으며, 말하기를, “선생님! 제가 무엇을 행하여 영원한 생명을 상속받겠습니까?” 그러자 그분이 그에게 말씀하셨습니다. “율법에 무엇이 기록되었느냐? 너는 어떻게 읽느냐?”

400 그가 대답하여, “네 온 마음으로 네 온 영혼으로 네 온 기운으로 네 온 뜻으로, 너의 하나님이신 주님을 사랑할 것이다. 그리고 네 이웃을 자신같이 사랑할 것이다.”라고 말했습니다.

401 그러자 그분이 그에게 말씀하셨습니다. “네가 옳게 대답해졌다. 이것을 행해라! 그러면 살 것이다.”

402 그가 자신을 의롭게여기기를 원하여, 예수님에게 말했습니다. “누가 내 이웃입니까?”

403 **예수님께서 받아들이시고 말씀하셨습니다.** "어떤 사람이 예루살렘에서 여리고로 내려가다가 강도들에게 굴복하였는데, 그들이 그를 발가벗기고 매들을 얹고, 반쯤죽음 당한 것을 버려두고 갔다.

404 우연히, 어떤 제사장이, 그 길로 내려가다가, 그를 보고는 피해지나갔다. 비슷하게 한 레위인도 그 장소에 있었는데, 와서 보고는 피해지나갔다.

405 어떤 사마리아인은 여행하며 그리로 왔다가, 그를 보고 불쌍해하였다. 나아와, 기름과 포도주를 붓고, 그의 상처들을 싸매었다. 그를 자기자신의 가축에 태워, 그를 숙박업소로 끌고갔으며, 그를 책임졌다.

406 다음날에 나오면서, 2데나리온을 내보내어 숙박업소주인에게 주었으며, 그에게 말했다. '당신이 얼마가 비용들더라도, 그를 책임지십시오!

407 내가 올라와있으면서, 당신께 갚을 것입니다.'

408 그런즉 네게는, 이 셋 중에 누가 강도들에게 빠진 자의 이웃이 된 것이라고 생각하느냐?"

409 그러자 말했습니다. "그에게 긍휼을 행한 자입니다."

410 그런즉 예수님께서 그에게 말씀하셨습니다. "가라! 너도 비슷하게 행해라!"

411 그들이 가게 되었으며, 그분은 어떤 마을로 들어가셨습니다. 마르다라 이름하는 어떤 여자가 그분을 자기 집으로 모셔영접하였습니다.

412 그녀에게, 마리아라 불리는 자매가 있었는데, 예수님의 발 곁에 가까이앉아 그분의 말씀을 들었습니다.

413 그러나 마르다는 많은 섬김으로 산만해졌습니다. 그러자 그녀가 와서서서 말했습니다. "주님! 나만 섬기도록, 제 자매가 떠나는 것이, 당신에게 고려되지 않습니까? 그런즉 나를 협력해도우라고 그녀에게 말씀해주십시오!"

414 그러자 예수님께서 대답하여, 그녀에게 말씀하셨습니다. "마르다야! 마르다야! 네가 많은 것들에 대하여 염려하고 심란해진다. 필요는 한 가지이다. 마리아는 자기에게서 없어지지 않을 선한 영역을 택하였다."

415 그분이 어떤 장소에서 기도하시고 계시게 되셨는데, 그치시

자, 그분의 제자들 중 누가 그분에게 말했습니다. "주님! 요한이 자기 제자들에게 가르친 것같이, 우리에게 기도하는 것을 가르쳐주십시오!"

416 그러자 그들에게 말씀하셨습니다. "너희가 기도할 때, '하늘들에 계신 우리 아버지! 당신의 이름이 거룩게되옵소서! 당신의 왕국이 오시옵소서! 당신의 뜻이 하늘에서와 같이 땅에서도 되옵소서!

417 날마다 우리에게 일용할 우리의 빵을 주옵소서! 우리의 죄들을 우리에게서 사해주옵소서! 우리가 우리에게 빚진 모든 자들을 사해주기 때문입니다. 우리를 시험으로 들어가지 않게 하시고, 다만 악한 자에게서 우리를 건져주옵소서!'라고 말해라!"

418 그리고 그들에게 말씀하셨습니다. "너희 중 누가 친구를 갖고있을 것이며 밤중에 그에게 갈 것인데, 그에게 '친구여! 내게 3개의 빵을 필요공급해주게! 내 친구가 길에서 내게 왔으나, 내가 그에게 내줄 것을 갖고있지 않네.'라고 말한다면, 그도 안에서 대답하여 말하리라. '나를 괴롭게 하지 말게! 이미 문이 닫혔고 내 아이들이 나와 함께 잠자리에 있네. 네게 주려고 일어설 수 없네.'

419 너희에게 말하는데, 그가 그의 친구이기 때문에는 일어서 그에게 주지않을 것이라면, 그의 강청함 때문에는 일으켜져 그가 필요한 만큼 그에게 줄 것이다.

420 나도 너희에게 말하는데, 구해라! 그러면 너희에게 주어질 것이다. 찾아라! 그러면 발견할 것이다. 두드려라! 그러면 너희에게 열릴 것이다.

421 구하는 모두가 받으며, 찾는 자가 발견하며, 두드리는 자에게 열릴 것이기 때문이다.

422 너희 중 누가, 아버지에게 아들이 빵을 구할 것인데, 그에게 돌을 건네줄 것인가? 물고기라면, 물고기 대신 그에게 뱀을 건네줄 것인가? 또는 만약 계란을 구한다면, 그에게 전갈을 건네줄 것인가?

423 그런즉 너희가 악을 보유하면서 너희의 자녀들에게 선한 줄 것들을 주는 것을 안다면, 하늘로부터의 아버지께서, 자기에게 구하는 자들에게 얼마나 더욱 거룩한 영을 주실 것인가?"

424 그분이 귀신을 내보내고 계셨는데, 그는 말못하였습니다. 귀신이 나가게 되었으며, 말못하는 자가 얘기했습니다. 군중들

이 기이히여겼습니다.

425 그들 중 어떤 자들이 말했습니다. "그가 귀신들의 통치자인 바알세불 안에서 귀신들을 내보낸다."

426 또다른 자들은 시험하여 그분에게서 하늘로부터의 표적을 찾았습니다.

427 그분은 그들의 의도들을 아시고, 그들에게 말씀하셨습니다. "스스로 나뉘어지는 모든 왕국은 황폐해진다. 집 대 집은 무너진다.

428 사탄이 스스로 나뉘어졌다면, 어떻게 그의 왕국이 세워질 것인가? 내가 바알세불 안에서 귀신들을 내보낸다고 너희가 말한다.

429 내가 바알세불 안에서 귀신들을 내보낸다면, 너희 아들들은 누구 안에서 내보내겠느냐? 이러므로 그들이 너희 재판관들이 될 것이다.

430 내가 하나님의 손가락 안에서 귀신들을 내보낸다면, 이미 너희에게 하나님의 왕국이 임하였다.

431 강한 자가 무장하고 자신의 뜰을 지킬 땐, 그의 보유하는 것들은 평안히 있다. 그보다 더강한 자가 와서머물며 그를 이기면, 확신했었던 그의 전신갑주를 들고가며 자기의 고생들을 다준다.

432 나와 함께 있지 않는 자는 나를 거스르는 자이며, 나와 함께 모으지 않는 자는 흩어버리는 자다.

433 더러운 영이 사람으로부터 나갔을 땐, 쉴을 찾으며 물없는 장소로 거쳐간다. 그리고 발견하지 못하고 말한다. '나온 내 집으로 돌아갈 것이다.' 그리고 와서는, 소제되고 꾸며진 것을 발견한다.

434 그때 가서, 자신보다 더악한 또다른 일곱 영들을 데려오며, 들어와, 거기 산다. 그 사람의 마지막이 첫번째보다 더심하게 된다."

435 그분이 이것을 말씀하시게 되자, 군중에서 어떤 여자가 음성을 높여 그분께 말했습니다. "당신을 짊어진 태와 젖먹인 가슴이 복있습니다."

436 그분이 말씀하셨습니다. "오히려, 하나님 말씀을 듣고 그것을 지키는 자들이 복있다."

437 군중들이 모여있는데, 그분이 말씀하기 시작하셨습니다. "이 세대는 악하다. 표적을 간구하지만 선지자 요나의 표적 외에는 그에게 표적이 주어지지 않을 것이다.

438 요나가 니느웨인들에게 표적이 된 그대로, 사람의 아들도 이 세대에 이같을 것이기 때문이다.

439 심판시, 남쪽의 여왕이 이 세대들의 남자들과 함께 일으켜질 것이며, 그들을 정죄할 것이다. 그녀가 솔로몬의 지혜를 들으려고 땅의 끝에서 왔으니, 오! 솔로몬보다 더많은 자가 여기 있다.

440 심판시, 니느웨 남자들이 이 세대들과 함께 일어설 것이며, 그들을 정죄할 것이다. 그들은 요나의 전파로 회개하였으니, 오! 요나보다 더많은 자가 여기 있다.

441 아무도 등잔을 켜서 은밀한 곳으로도 항아리 아래로도 두지 않고, 다만 등잔대 위에 두는데, 들어가는 자들이 빛을 보기 위함이다.

442 몸의 등잔은 눈이니, 그런즉 네 눈이 성할 땐, 네 온 몸이 밝다. 악하면, 네 몸도 어둡다.

443 그런즉 네 안에 있는 빛이 어두움이 아닌가 성찰해라!

444 그런즉 네 온 몸이 밝고, 어떤 어두운 부분도 갖고있지 않다면, 등잔이 번개로 너를 밝게하는 때같이, 온전히 밝을 것이다."

445 그분이 얘기하시는데, 어떤 바리새인이 자기에게서 점심드시도록, 그분께 요구하여물었습니다. 그러자 그분이 들어가 앉으셨습니다.

446 바리새인은 그분이 점심 전에 첫번째로 세례받지 않은 것을 보고 기이히여겼습니다.

447 주님이 그에게 말씀하셨습니다. "지금 너희 바리새인들은 잔과 쟁반의 겉은 깨끗하지만, 너희 안은 탐심과 악함으로 가득하다.

448 어리석은 자들아! 겉을 만드신 분이, 안도 만드시지 않았느냐?

449 그렇지만 율법안에있는 것들로 구제를 주어라! 그러면 오! 너희에게 모든 것이 청결하다.

450 다만 너희 바리새인들에게 화있으니! 박하와 운향과 모든 채소를 십일조드리나, 하나님의 심판과 사랑은 지나간다. 이것들을 행해야 하며 그것들도 버려두지 말아야 한다.

451 너희 바리새인들에게 화있으니! 회당에서 높은자리와 시장에서 평안인사를 사랑한다.

452 너희에게 화있으니! 서기관들과 바리새인들아! 위선자들아! 너희는 분명치않은 무덤들과 같아, 위쪽에서 걷는 사람들이 알지 못한다."

453 **어떤 율법사들이 대답하여 그분께 말합니다. "선생님! 이것을 말씀하시니, 우리도 능욕하십니다."**

454 **그러자 그분이 말씀하셨습니다. "너희 율법사들에게도 화있으니! 어려운 짐들을 사람들에게 짐지우고, 너희는 너희의 손가락들 중 하나도 짐들에 건들지 않는다.**

455 너희에게 화있으니! 너희는 선지자들의 무덤들을 짓는데, 너희 아버지들도 그들을 죽였다.

456 이미 너희는 너희 아버지들의 행위들을 증거하며 옳게여긴다. 그들이 그들을 죽였으며, 너희는 그들의 무덤들을 짓

는다.

457 이러므로 하나님의 지혜가 말했다. '내가 그들에게 선지자들과 사도들을 보낼 것이며, 그들이 그들 중 일부는 죽일 것이며 박해할 것이다. 아벨의 피부터 제단과 집 사이에서 멸하게된 사가랴의 피까지, 세상의 창조부터 쏟아진 모든 선지자들의 피가 이 세대부터 치뤄지기 위함이다.' 그렇다! 너희에게 말하는데, 이 세대부터 치뤄질 것이다.

458 너희 율법사들에게 화있으니! 지식의 열쇠를 들고갔다. 너희가 들어가지 않았으며, 들어가는 자들도 금했다."

459 그분이 그들에게 이것들을 말씀하시자, 서기관들과 바리새인들이 몹시 달라붙어, 그분을 고소하려고 매복하며, 그분의 입에서 나오는 것을 책잡으려 하며, 그분에게 더많은 것들에 대하여 꼬투리잡기 시작했습니다.

장

460절~560절 [개역개정, KJV 12:1~14:35]

부분적 회개

8장

NEW
누가복음

460 남들을 밟을 정도로 군중 수만명이 모였는데, 그분이 첫번째로 그분의 제자들에게 말씀하시기 시작했습니다. "바리새인들의 누룩 곧 위선으로부터 자신들을 조심해라!

461 나타나지 않을, 위장되는 어떤 것도 없으며, 알려지지 않을 은밀한 어떤 것도 없다.

462 대신, 너희가 어둠에서 말한 것들이 빛에서 들려질 것이다. 너희가 골방들에서 귀에 얘기한 것이 지붕위에서 전파될 것이다.

463 내가 내 친구들인 너희에게 말하는데, 몸을 죽이고 이 후에 더넘치게 행할 것을 갖고있지 않은 자들을 두려워하지 말아라.

464 내가 너희에게 누구를 두려워할지를 가르칠 것이다. 죽인

후에 지옥불로 던져넣는 권세을 갖고있는 분을 두려워해라! 그렇다! 너희에게 말하는데, 이 분을 두려워해라!

465 5참새가 2앗사리온에 팔리지 않느냐? 그들 중 하나도 하나님 앞에서 잊어버려지지 않는다. 다만 너희의 모든 머리의 털들도 세어졌다.

466 그런즉 두려워하지 말아라! 너희는 많은 참새들보다 귀하다.

467 너희에게 말하는데, 사람들 앞에서 나를 공언하는 모든 자마다, 사람의 아들도 하나님의 천사들 앞에서 그를 공언할 것이다. 사람들 앞에서 나를 부인하는 자는 하나님의 천사들 앞에서 거부될 것이다.

468 사람의 아들을 겨냥하는 말로 권고하는 모든 자는, 그에게 사해질 것이지만, 거룩한 영을 모독하는 자는 사해지지 못할 것이다.

469 사람들이 너희를 회당들과 처음실권자들과 권세자들에 바칠 땐, 어떻게 또는 무엇을 설파할까 또는 무엇을 말할까를 염려하지 말아라! 거룩한 영이 너희가 말해야 하는 것들을, 그 시간에 너희에게 가르쳐주실 것이기 때문이다."

470 군중 중에 어떤 자가 그분께 말했습니다. "선생님! 제 형제에게 상속을 저와 함께 나누라고 말씀해주십시오!"

471 그분이 그에게 말씀하셨습니다. "사람아! 누가 나를 너희에 대한 재판장이나 나누는자로 맡겼느냐?" 그리고 그들에게 말씀하셨습니다. "살펴보아라! 그리고 탐욕에서 지켜라! 남는 가운데 있는 어떤 자에게, 그의 생명이 그가 보유한 것에 있지 않다."

472 그들에게 비유로 말씀하셨습니다. "어떤 부유한 사람의 지방이 풍작이었다. 그가 속으로 의논하였는데, 말하기를, '어떻게 행할까? 내 열매들을 어디 모을 곳을 갖고있지 않다.' 그리고 말했다. '이것을 행할 것이다. 내 곳간들을 내려버릴 것이며, 더크게 지을 것이며, 거기 모든 나의 낳은 것들과 나의 선한 것들을 모을 것이며, 내 영혼에게 말할 것이다. "영혼아! 너는 많은 해를 위해 놓은 많은 선한 것들을 갖고 있다. 쉬어라! 먹어라! 마셔라! 행복해해라!"'

473 그러자 하나님께서 그에게 말씀하셨다. '어리석은 자야! 그들이 이 밤에 네 영혼을 네게서 돌려달라한다. 네가 준비한 것들이 누구 것이 되겠느냐?' 자신에게 쌓아두고 하나님께 부유하지 못한 자가 이같다."

474 그분이 자기 제자들에게 말씀하셨습니다. "이러므로 너희에게 말하는데, 무엇을 먹을까 너의 영혼을 염려하지 말아라! 무엇을 입을까 몸도 염려하지 말아라!

475 영혼이 음식보다 더중하며, 몸이 옷보다 더중하다.

476 까마귀들을 생각해라! 씨뿌리지 않고 추수하지도 않으며, 골방도 없고 곳간도 없으나, 하나님이 그것들을 기르신다. 너희는 새들보다 얼마나 더욱 귀하냐?

477 너희 중에 누가 염려하여 그의 키에 45cm를 더할 수 있겠느냐? 그런즉 가장작은 것도 할 수 없다면, 왜 나머지에 대하여 염려하느냐?

478 백합화들이 어떻게 자라는가 생각해라! 수고하지도 않고 실짜지도 않는다. 그러나 너희에게 말하는데, 그의 모든 영광 안에 솔로몬도 이것들 중 하나같이도 입지 못했다.

479 오늘 있다가 내일 아궁이로 던져지는 들에 있는 풀을 하나님이 이같게 입히신다면, 너희에게는 얼마나 더욱 입히시겠느냐? 믿음적은 자들아!

480 너희는 무엇을 먹을까, 또는 무엇을 마실까, 찾지 말아라!

487 진실로 너희에게 말하는데, 그는 띠두를 것이며, 그들을 앉힐 것이고, 지나가며 그들을 섬길 것이다.

488 만약 그가 2경에 오거나 3경에 와서, 이같이 발견하면, 그 종들은 복있다.

489 이것을 알아라! 도둑이 어느 시간에 오는지를 집주인이 알았었다면, 그가 깨어있었을 것이며 그의 집을 구멍뚫도록 허용하지 않았을 것이다.

490 그런즉 너희도 준비하고 있어라! 생각지 않은 시간에 사람의 아들이 온다."

491 **베드로가 그분께 말했습니다. "주님! 이 비유를 우리에게 말씀하시는 것입니까? 아니면 모든 자들에게 말씀하시는 것입니까?"**

492 **주님께서 말씀하셨습니다. "그렇다면 주인이 그의 고침을 맡겨, 때에 한끼분량을 줄 믿음있고 총명한 말씀보유자가 누구냐? 그 주인이 와서 이같이 행하는 것을 발견할, 그 종은 복있다.**

493 참으로 너희에게 말하는데, 그는 보유하는 모든 것들을 그

에게 맡길 것이다.

494 만약 그 종이 그의 마음에 '나의 주인은 오는데 지체한다.'
라고 간주하며, 남자하인들과 어린여종들을 치며, 식사하고
마시고 만취되기 시작하면, 기대하지 않는 날 알지 못하는
시간에, 그 종의 주인이 올 것이며, 그를 두배때릴 것이며,
믿음없는 자들과 함께 그의 참여함을 둘 것이다.

495 자신의 주인의 뜻을 알고도 준비하지도 않고, 그분의 뜻대
로 행하지도 않는 그 종은 많이 맞을 것이다. 알지 못하고
매에 마땅하게 행한 자는, 적게 맞을 것이다.

496 많이 주어진 모든 자에게는 많이 찾아질 것이며, 많이 내준
자에게는 더넘치게 그에게 구할 것이다.

497 내가 땅에 불을 던지러 왔으니, 그것이 이미 불붙혀졌다면,
내가 무엇을 원하는가? 내가 세례받을 세례를 갖고있으니,
그것이 끝마쳐지기까지, 어떻게 나는 사로잡히는가?

498 내가 땅에 평안을 주러 왔다고 생각하느냐? 아니다. 내가 너
희에게 말하는데, 다만 나눔이다.

499 지금부터 한 집에 다섯이 3 대 2, 2 대 3으로 나누어져 있을

것이기 때문이다.

500 아버지 대 아들, 아들 대 아버지, 어머니 대 딸, 딸 대 어머니, 시어머니 대 그녀의 며느리, 며느리 대 그녀의 시어머니가 나누어질 것이다.”

501 **그리고 군중들에게 말씀하셨습니다.** “구름이 서방에서 솟아오르는 것을 볼 땐, 곧바로 ‘소나기가 온다.’라고 말하며, 이같이 된다.

502 남쪽이 불 땐, ‘뜨거움이 있을 것이다.’라고 말하며, 이같이 된다.

503 위선자들아! 땅과 하늘의 얼굴은 분변할줄 알지만, 이 때는 어떻게 분변하지 못하느냐? 왜, 스스로 의로운 것을 심판하지 못하느냐?

504 왜냐하면, 네가 너의 소송자와 함께 통치자에게 가는 중에, 길에서 그에게서 놓여지는데 성과를 주어라! 그가 너를 재판관에게 이송하며, 재판관이 너를 담당자에게 넘겨주고, 담당자가 너를 감옥에 던지지 않기 위함이다.

505 네게 말하는데, 네가 마지막 렙톤을 갚기까지 거기서 나오

지 못하리라."

506 그 때에, 어떤 자들이 있었으며 갈릴리인들에 대해 그분께 전했는데, 빌라도가 그들의 피를 그들의 제물들과 함께 섞은 것입니다.

507 **예수님께서 대답하여 그들에게 말씀하셨습니다.** "이 갈릴리인들이 그만큼 고난받았기에, 모든 갈릴리인들보다 죄들이 있다고 생각하느냐? 아니다. 너희에게 말하는데, 다만 만약 너희도 회개하지 않으면, 모든 자들이 그와같이 멸망할 것이다.

508 또한, 실로암에서 망대가 그 18명에게 무너졌으며, 그들을 죽였는데, 이들이 예루살렘에 사는 모든 사람들보다 빚진자들이 되었다고 생각하느냐? 아니다! 너희에게 말하는데, 다만 만약 너희가 회개하지 않으면, 모든 자들이 비슷하게 멸망할 것이다."

509 **그분이 이 비유를 말씀하셨습니다.** "어떤 자가 그의 포도원에 심겨진 무화과나무를 갖고있었다. 그가 거기서 열매를 찾으려고 왔으나 발견하지 못했다.

510 그러자 그가 포도원지기에게 말했다. '오! 내가 이 무화과나

무에서 열매를 찾으러, 3년을 오는데 발견하지 못한다. 그것을 찍어버려라! 무엇 때문에, 그는 땅을 파기하느냐?'

511 그러자 그가 대답하여 그에게 말한다. '주인님! 그 주변을 파내고 거름을 넣기까지, 이 해에도 그것을 사하십시오! 열매를 맺을는지요. 그렇지 않으면, 다가오는 해에, 당신은 그것을 찍어버릴 것입니다.'"

512 그분이 안식의 날, 한 회당에서 가르치시고 계셨습니다. 오! 18년을 연약함의 영을 갖고있는 여자가 있었는데, 꼬부라져 조금도 펴서일어날 수 없었습니다.

513 예수님께서 그녀를 보시고, 그녀를 부르셨으며 말씀하셨습니다. "여자여! 네 연약함에서 놓아보내졌다."

514 그리고 그녀에게 양손을 얹으셨습니다. 즉시 그녀가 똑바로 일으켜졌으며, 하나님께 영광돌렸습니다.

515 회당장은 예수님께서 안식일에 고치는 것에 분내어 대답하며 군중에게 말했습니다. "일해야 하는 6일이 있습니다. 그런즉 여러분은 이 안에 와서 고침받으십시오! 안식의 날에는 마십시오!"

516 주님이 그에게 대답하셨으며 말씀하셨습니다. "위선자들아! 너희가 각각 안식일에 그의 소나 나귀를 축사에서 풀어, 잡아끌고가서 마시게하지 않느냐?

517 오! 사탄이 18년을 묶고 있던 이 아브라함의 딸이, 안식의 날, 이 결박에서 풀어져야 하지 않느냐?"

518 그분이 이것을 말씀하시자, 그분을 적대하는 모든 자들이 창피당하였습니다. 모든 군중은 그분에게서 일어난 모든 영광스러운 일들에 기뻐하였습니다.

519 그분이 말씀하셨습니다. "하나님의 왕국이 무엇과 비슷한가? 그것을 무엇과 비슷하게여길 것인가? 그것은 사람이 받아서, 자신의 동산에 던진, 겨자의 한 알과 비슷하다. 자랐으며 큰 나무로 되었으며, 하늘의 새들이 그 가지들에 깃들었다."

520 다시 말씀하셨습니다. "내가 하나님의 왕국을 무엇과 비슷하게여길 것인가? 그것은 여자가 받아서, 전부가 부풀게 될 때까지, 3스아 가루에 넣은 누룩과 비슷하다."

521 그분은 성들과 마을들마다 가르치시면서, 예루살렘으로 여행을 하시면서, 꼼꼼히지나가셨습니다.

522 누가 그분께 말했습니다. "주님! 구원받는 자들이 적을까요?" 그러자 그분이 그들에게 말씀하셨습니다. "좁은 출입문을 통해 들어가기를 힘써라! 너희에게 말하는데, 많은 자들이 들어가려 할 것이나, 강하지 않을 것이다.

523 집주인이 일으켜지고 문을 봉쇄하게 되면, 너희는 밖에 서서 문을 두드리며 말하기 시작하리라. '주님! 주님! 우리에게 열어주십시오!' 그러면 그가 대답하여 너희에게 말할 것이다. '나는 너희가 어디에 속하는지 너희를 알지 못한다.'

524 그때 너희가 말하기 시작할 것이다. '우리가 당신 앞에서 먹었으며 마셨으며, 당신은 우리의 큰거리들에서 가르치셨습니다.'

525 그러면 그가 말할 것이다. '너희에게 말하리니, 나는 너희가 어디에 속하는지 너희를 알지 못한다. 나에게서 떠나라! 모든 불의의 일꾼들아!'

526 아브라함과 이삭과 야곱 및 모든 선지자들이 하나님의 왕국에 있으며 너희는 밖에 내보내어진 것을, 너희가 볼 때, 거기서 울음과 이를 갊이 있을 것이다.

527 동방과 서방에서, 북쪽과 남쪽에서 올 것이며, 하나님의 왕

국에 앉혀질 것이다.

528 오! 첫번째가 될 마지막인 자들이 있으며, 마지막이 될 첫번째인 자들이 있다."

529 그 날에, 어떤 바리새인들이 나아왔는데, 그분께 말하기를, "헤롯이 당신을 죽이기를 원하니, 여기서 나가십시오! 그리고 가십시오!"

530 그분이 그들에게 말씀하셨습니다. "가서, 이 여우에게, '오! 내가 오늘과 내일, 귀신들을 내보내고 병고침들을 완전히 이루며, 제 3일에 온전케 된다.'라고 말해라!

531 그렇지만 나는 오늘과 내일과 갖게되는 날은 가야한다. 선지자가 예루살렘 밖에서 멸망한 것이 존재하지 않는다.

532 예루살렘아! 예루살렘아! 선지자들을 죽이고 네게 보내어진 자들을 돌로치는 자야! 암탉이 자신의 새끼를 날개 아래 모으는 모양으로, 네 자녀들을 모으기를 몇 번을 원했느냐? 그러나 너희가 원치않았다.

533 오! 너희 집이 너희에게 황폐하게 버려두어진다. 진실로 너희에게 말하는데, 너희가 '주님의 이름으로 오시는 분은 축

복되시도다.'라고 말하는 때가 올 때까지, 결코 나를 보지 못하리라."

534 그분이 안식일에 빵을 잡수시러, 바리새인들의 통치자들 중 어떤 자의 집으로 가시게 되셨는데, 그들이 그분을 살펴지키고 있었습니다.

535 오! 그분 앞에 수종있는 어떤 사람이 있었습니다.

536 예수님께서 대답하여 율법사들과 바리새인들에게 말씀하셨습니다. "안식일에 고치는 것이 옳으냐?" 그러자 그들은 함구하였습니다.

537 그분이 그를 붙드시고 낫게하셨으며 놓아보내셨습니다.

538 그분이 그들에게 대답하여 말씀하셨습니다. "너희 중에 누가 나귀나 소가 우물에 빠질 것인데, 안식의 날에 곧바로 그것을 끌어올릴 것이 아니냐?" 그들은 이 말씀에 대해 그분을 반박하는데 강하지 않았습니다.

539 부름받은 자들이 어떻게 상석을 택하는가에 머물러있으시고 그들에게 말씀하셨습니다. "누구에게서 결혼식으로 부름받았을 때, 상석에 뉘여앉지 말 것은, 너보다 더존귀한 자

가 그에게서 부름받았는데, 너와 그를 부른 자가 와서, 네게 '이 분에게 장소를 주십시오!'라고 말하지 않기 위함이다. 그때 마지막 장소를 수치로 차지하기 시작할 것이다.

540 다만 부름받았을 때, 가서, 마지막 장소에 앉아라! 너를 부른 자가 왔을 때, 네게 '친구여! 더위로 올라가있으십시오!'라고 말하리라. 그때 너와 함께앉은 자들 앞에서 네게 영광이 있을 것이다.

541 자신을 높이는 자는 모두 낮아질 것이다. 자신을 낮추는 자는 모두 높아질 것이다."

542 **그리고 자기를 부른 자에게 말씀하셨습니다.** "네가 점심이나 잔치를 베풀 때, 네 친족들이나 네 형제들이나 네 친척들이나 부유한 지인들을 소리내어부르지 말아라! 그들이 너를 답례로불러 네게 보답이 되지 않기 위함이다.

543 다만 초청잔치를 베풀 때, 가난한 자들과 앉은뱅이들과 저는 자들과 눈먼 자들을 불러라! 그들이 네게 보답할 것을 갖고있지 않기에, 너는 복있을 것이다. 의인들의 부활시 네게 보답될 것이기 때문이다."

544 **함께앉은 자들 중 어떤 자가 이 말을 듣고 그분께 말했습니**

다. "하나님의 왕국에서 빵을 먹을 자가 복있습니다."

545 **그분이 그에게 말씀하셨습니다.** "어떤 사람이 큰 잔치를 베풀었으며 많은 자들을 불렀다. 그리고 부름받은 자들에게, '이미 모든 것들이 준비되었으니, 오십시오!'라고 말하라고, 그의 종을 잔치의 시간에 보냈다.

546 모든 자들이 하나로 사양하기 시작했다.

547 첫번째가 그에게 말했다. '제가 밭을 샀는데, 나가서 그것을 볼 부득이함을 갖고있습니다. 당신께 요구하여묻는데, 당신은 제가 사양되도록 해주십시오!'

548 또다른 자가 말했다. '소 5쌍을 샀는데, 그것들을 분변하러 갑니다. 제가 당신께 요구하여묻는, 당신은 제가 사양되도록 해주십시오!'

549 또다른 자가 말했다. '여자와 결혼하였는데, 이러므로, 갈 수 없습니다.'

550 그 종이 와서, 그의 주인에게 이 말을 전하였다.

551 그때 집주인이 화내어, 그의 종에게 말했다. '빨리 성의 큰

거리들과 거리들로 나가라! 가난한 자들과 앉은뱅이들과 저는 자들과 눈먼 자들을 여기 데리고들어와라!'

552 종이 말했다. '주인님! 분부하신 대로 되었으나, 여전히 장소가 있습니다.'

553 주인이 종에게 말했다. '길들과 산울타리들로 나가라! 내 집이 채워지도록 들어오라고 강권하여라!'

554 너희에게 말하는데, 부름받은 그 남자들 중 아무도 내 잔치를 맛보지 못할 것이기 때문이다."

555 **많은 군중들이 그분과 동행하였습니다. 그분이 돌아서셔서 그들에게 말씀하셨습니다.** "누가 나에게 오는데, 자신의 아버지와 어머니와 여자와 자녀들과 형제들과 자매들 및 자신의 영혼까지 미워하지 않으면, 내 제자가 될 수 없다. 누구든지 자기 십자가를 짊어지고 나를 뒤쫓아 오지 않는 자는, 내 제자가 될 수 없다.

556 너희 중에 누가 망대를 짓기를 원하는데, 첫번째로 앉아서, 준공에 대해 갖고있는지, 비용을 계산하지 않겠느냐? 그가 기초를 두었으나, 완성하는데 강하지 않아, 지켜보는 모든 자들이, '이 사람이 짓는 것은 시작하였으나 완성하는데 강

하지 않다.'라고 말하며, 그를 희롱하기 시작하지 않기 위함
이다.

557 또한, 어떤 왕이 또다른 왕과 전쟁하러 한데모으러 가는데,
첫번째로 앉아서, 2만명과 함께 자기에게 오는 자를, 1만명
으로 만나는 것에 능력있는지를 계획하지 않겠느냐? 그렇
지않다면, 그가 멀리 있는 동안, 사신을 보내어 평안을 요구
하여묻는다.

558 그런즉, 이같이 너희 중에 자신이 보유하는 모든 것들과 작
별하지 않는 모두는, 내 제자가 될 수 없다.

559 소금은 좋다. 만약 소금이 맛잃는다면, 무엇으로 간맞춰질
것인가? 땅에도 거름으로도 적합치 않다. 그것을 밖에 던
진다.

560 들을 귀들을 갖고있는 자는 들어라!"

•전무후무한 성경•

NEW

LUKE

•세계 최초 1:1 대응 번역•

9장

561절~753절 [개역개정, KJV 15:1~21:4]

온전한 회개

9장

NEW
누가복음

561 모든 세금징수원들과 죄인들이 그분에게서 들으려고 그분에게 가까오게 있었습니다. 바리새인들과 서기관들이 심히원망하였는데, 말하기를, "이 분이 죄인들을 기다리고 그들과 함께식사하신다."

562 그러자 그들에게 이 비유를 말씀하셨습니다. "너희 중에 100마리 양을 가졌지만, 그들 중 하나를 멸망시킨 어떤 사람이, 광야에 있는 99마리를 떠나서, 멸망시킨 양을 발견할 때까지 가지 않겠느냐?

563 발견하면 기뻐하며 자신의 어깨에 얹고, 집으로 와서, '멸망한 내 양을 발견했으니, 너희는 나와 함께기뻐해라!'라고 말하며, 친구들과 지인들을 불러모은다.

564 너희에게 말하는데, 이같이 회개의 필요를 갖고있지 않은 99명의 의인들에 대하여 보다, 회개하는 한 명의 죄인에 대

해 하늘에서 기쁨이 있을 것이다.

565 또한, 드라크마 10개를 갖고있는 어떤 여자가, 만약 드라크마 1개를 멸망시킨다면, 발견할 때까지 등잔을 켜고 집을 소제하고 부지런히 찾지 않겠느냐?

566 발견하고는, '내가 멸망시킨 드라크마를 발견했으니, 나와 함께기뻐해라!'라고 말하며, 친구들과 지인들을 불러모은다.

567 이같이, 너희에게 말하는데, 회개하는 죄인 한 명에 대해, 하나님의 천사들 앞에서, 기쁨이 된다."

568 **그분이 말씀하셨습니다.** "어떤 사람이 두 아들을 갖고있었다. 그들 중 더젊은 자가 아버지께 말했다. '아버지! 제게 붙는 재산의 부분을 제게 주십시오!'

569 그가 그들에게 살림을 분할하였다.

570 많은 기간이 안되어, 더젊은 아들이 일체모든 것들을 모아서 먼 지방으로 외국나갔으며, 방탕하게 살아 거기서 그의 재산을 흩어버렸다.

571 그가 모든 것들을 낭비하였는데, 그 지방에 강한 흉년이 있었고, 그가 부족해지기 시작했다.

572 그가 가서 그 지방 시민들 중 한 명에게 묻혀졌다. 돼지들을 먹이라고, 그가 그를 자기의 들로 보냈다.

573 그는 돼지들이 식사하는 쥐엄열매로 자기 배를 채우기를 탐했으나, 아무도 그에게 주지 않았다.

574 그가 자신에게 가서 말했다. '내 아버지의 품꾼들은 빵이 얼마나 남는가? 그러나 나는 흉년에 멸망한다.

575 일어서, 내 아버지에게 갈 것이다. 그리고 그분께 말할 것이다. "아버지! 제가 하늘에게와 당신 앞에 범죄하였습니다. 더 이상 당신의 아들이라 불리는 것이 마땅치 않습니다. 당신의 품꾼들 중 한 명같이 제게 행하십시오!"'

576 그리고 일어서, 자기 아버지에게 갔다.

577 여전히 그가 멀리 떨어져있는데, 그의 아버지가 그를 보았으며, 불쌍히여겼으며, 달려가 그의 목에 임하였고, 그에게 입맞추었다.

578 아들이 그에게 말했다. '아버지! 제가 하늘에게와 당신 앞에 범죄하였고, 더 이상 당신의 아들이라 불려지는 것이 마땅치 않습니다.'

579 그러자 아버지가 그의 종들에게 말했다. '첫번째 깨끗한옷을 가지고나와라! 그에게 입혀라! 그의 손에의 반지를, 양발에의 신발을 주어라! 살진 송아지를 가져와 희생제사해라! 우리가 먹으며 행복해하리라. 나의 이 아들이 죽었으나 위로살아났다. 멸망해 있었으나 발견되었다.'

580 그들이 행복해하기 시작했다.

581 더어른된 그의 아들은 들에 있었다. 그가 오는 중에 집에 가까와졌으며, 풍류와 춤을 들었다. 그의 하인들 중 한 명을 불러, 이 일이 무엇인가를 질문했다.

582 그러자 그가 그에게 말했다. '당신의 형제가 오는 것에, 당신의 아버지가 건강해진 그를 받아들인다고, 살진 송아지를 희생제사하였습니다.'

583 그러자 그는 화내었으며, 들어가기를 원치 않았다.

584 그런즉 그의 아버지가 나와서, 그를 권면하였다.

585 그러자 그가 대답하여 아버지께 말했다. '오! 이 정도의 해를, 당신을 섬기며, 제가 당신의 계명을 지나간 적이 없었으나, 제게는 제 친구들과 함께 행복해하도록 염소를 준 적도 없었습니다. 그러나 창녀들과 함께 당신의 살림을 먹어버린 당신의 이 아들이 왔을 때, 그에게 살진 송아지를 희생제사 하셨습니다.'

586 그러자 그가 그에게 말했다. '자녀야! 너는 항상 나와 함께 있으며, 우리의 것이 모두 너희의 것이다.

587 우리는 행복해하며 기뻐져야하는데, 너의 이 형제는 죽었으나 위로살아났으며, 멸망했으나 발견되었다.'"

588 **그분이 자기 제자들에게 말씀하셨습니다.** "말씀보유자를 갖고있는 부유한 어떤 사람이 있었다. 이 자가 그의 보유한 것들을 흩어버리는 것으로 그에게 일러바쳐졌다.

589 그가 그를 소리내어불러 그에게 말했다. '너에 대하여 들은 이 말이 무엇이냐? 네 말씀보유직의 말씀을 갚아라!. 너는 더이상 말씀보유할 수 없을 것이기 때문이다.'

590 그러자 말씀보유자가 속으로 말했다. '무엇을 할까? 내 주인이 내게서 말씀보유직을 없앤다. 나는 파내기에는 강하지

않고, 구걸하는 것은 수치스럽다.

591 나는 무엇을 행할지를 알았는데, 곧, 내가 말씀보유직에서 옮겨질 때, 사람들이 나를 그들의 집으로 영접하리라.'

592 그는 자신의 주인의 채무자들 각각 1명씩 불러, 첫번째에게 말했다. '내 주인에게 얼마나 빚졌소?' 그러자 그가 말했다. '기름 2,200L입니다.'

593 그가 그에게 말했다. '당신의 글자를 영접하십시오! 그리고 빨리 앉아, 1,100L를 기록하십시오!'

594 그런다음 또다른 자에게 말했다. '당신은 얼마나 빚졌소?' 그러자 그가 말했다. '밀 22,000L입니다.'

595 그가 그에게 말한다. '당신의 글자를 영접하십시오! 그리고 17,600L를 기록하십시오!'

596 주인은 불의의 말씀보유자가 총명하게 행하였기에 칭찬하였다. 이 세상의 아들들이 자기 세대에 빛의 아들들보다 더 총명하다.

597 너희에게 말하는데, 불의의 돈으로 자신들에게 친구들을 만

들어라! 너희가 바닥날 때, 그들이 영원한 성막으로 너희를 영접하리라.

598 가장작은 일에 믿음있는 자는 많은 일에 믿음있다. 가장작은 일에 불의한 자는 많은일에 불의하다.

599 그런즉 불의한 돈에서 믿음있게 되지 않는다면, 누가 너희를 참인 것으로 믿을 것인가? 남의 것에서 믿음있게 되지 않는다면, 누가 너희에게 너희의 것을 줄 것인가?

600 어떤 집하인도 두 주인을 섬길 수 없다. 한 명은 미워할 것이고 또다른 한명은 사랑할 것이다. 또는 한 명은 중히여길 것이고, 또다른 한명은 경히여길 것이기 때문이다.

601 너희는 하나님과 돈을 섬길 수 없다."

602 **돈좋아함을 보유하는 자들인 바리새인들이 이 모든 말을 들었으며, 그분을 우습게여겼습니다.**

603 **그분이 그들에게 말씀하셨습니다. "너희는 사람들 앞에서 자기를 의롭게여기는 자들이나, 하나님께서는 너희의 마음을 아신다. 사람들 가운데 높은 것은 하나님 앞에서 가증한 것이다.**

604 율법과 선지자들은 요한까지다. 그때부터 하나님의 왕국이 복음전해지며, 모든 자가 그리로 침략된다.

605 그러나 율법의 한 획이 떨어지는 것보다, 하늘과 땅이 지나가는 것이 더쉽다.

606 자기 여자를 놓아보내고 또다른 자와 결혼하는 모든 자는 간음하는 것이다. 남자에게서 놓아보내진 자와 결혼하는 모든 자도 간음하는 것이다.

607 어떤 사람이 부유했으며, 날마다 호화롭게 행복해하며, 자색옷과 면화옷을 옷입었다.

608 부유한 자의 대문에 던져져있었으며, 종기앓으며, 그의 상에서 떨어지는 부스러기로 배부르기를 사모하는, 나사로라 이름하는 어떤 가난한 자가 있었다. 어떤 가난한 자가 있었다. 다만 개들이 와서 그의 종기들을 핥았다.

609 가난한 자가 죽어, 그가 천사들에게서 아브라함의 품으로 받아데려가지게 되었고, 부유한 자도 죽었으며 장례되었다.

610 그가 고통들을 보유하면서, 지옥에서 그의 눈을 들어, 멀리서 아브라함과 그의 품에 나사로를 본다. 그가 소리내어불

러 말했다. '아버지! 아브라함이여! 나를 긍휼히여겨주십시
오! 그의 손가락의 맨끝에 물을 찍어 내 혀를 시원하게 하도
록, 나사로를 보내주십시오! 내가 이 불꽃가운데 극히고통
합니다.'

611 그러자 아브라함이 말했다. '자녀야! 너는 너의 생명 가운데
너의 선한 것들을 받았으며, 나사로는 비슷하게 나쁜 것들
을 받았다는 것을 기억해라! 그러나 지금 그에게는 권면되
며, 너는 극히고통한다.

612 이 모든 것들 위에, 우리와 너희 사이에 큰 협곡이 굳어져있
어, 여기서 너희에게 건너지나가기를 원하는 자들이 할 수
없으며, 거기서 우리에게 건너기오기를 원하는 자들도 그럴
수 없다.'

613 그러자 그가 말했다. '그런즉 당신께 요구하여묻는데, 아버
지여! 제가 5 형제를 갖고있기 때문인데, 그를 제 아버지의
집으로 보내보십시오. 그들이 이 고통의 장소로 오지 않게,
그가 그들에게 낱낱이증거하기 위함입니다.' 아브라함이 그
에게 말한다. '그들은 모세와 선지자들을 갖고있다. 그들은
그들에게 들어라!'

614 그러자 그가 말했다. '아닙니다! 아버지 아브라함이여! 만약

죽은 자 중에서 어떤 자가 그들에게 간다면, 그들이 회개할 것입니다.'

615 그러자 그가 그에게 말했다. '그들이 모세와 선지자들을 듣지 않는다면, 만약 죽은 자들 중에서 어떤 자가 일어선다해도, 확신되지 못할 것이다.'"

616 **그분이 제자들에게 말씀하셨습니다. "실족들이 오지 않는 것은 불가능하다. 그러나 오는 자는 화있다!**

617 이 작은 자들 중 한 명을 실족케하는 것보다, 나귀의 맷돌이 그의 목을 둘러싸 바다로 던져놓여진다면, 그에게 해결된다.

618 너희는 자신들에게 조심해라!

619 만약 네 형제가 네게 범죄한다면 그를 꾸짖어라! 만약 회개한다면 그를 사해라!

620 만약 하루 7번 네게 범죄하고, 하루 7번 네게 돌아와 '회개합니다.'라고 말한다면, 그를 사할 것이다."

621 **사도들이 주님께 말했습니다. "우리에게 믿음을 더해주십시**

오!"

622 **주님께서 말씀하셨습니다.** "너희가 겨자 한 알 같은 믿음을 갖고있다면, 이 뽕나무에게 '뽑혀져라! 그리고 바다에 심겨져라!'라고 말했을 것이며, 그것이 너희에게 순종하였다.

623 누가 너희 중에 밭갈거나 목양하는 종을 갖고있는데, 그가 밭에서 들어오면, 곧바로 '지나가서 앉아라!'라고 말할 것이냐? 다만, 그에게, '너는 내가 무엇을 잔치할지를 준비해라! 그리고 내가 먹고 마시기까지 띠두르고 나를 섬겨라! 이 후에 너는 먹고 마실 것이다.'라고 말하지 않겠느냐?

624 그 종이 자기에게 지정된 것을 행했다고, 그가 그에게 은혜를 갖고있겠느냐? 내가 생각하겠느냐?

625 이같이 너희도, 너희에게 지정된 모든 것들을 행했을 땐, '우리는 마땅치않은 종들입니다. 우리는 행하는 것으로 빚진 것을 행하였습니다.'라고 말해라!"

626 그분이 예루살렘으로 가시게 되셨으며, 그분이 사마리아와 갈릴리 한가운데를 통해 거쳐가셨습니다.

627 그분이 어떤 마을로 들어가시자, 멀리서 서있던 문둥병걸린

10명의 남자들이 그분을 만났습니다. 그들이 음성을 들고와서, 말하기를, "예수 스승님! 우리를 긍휼히여겨주십시오!"

628 그분이 보시고 그들에게 말씀하셨습니다. "가서, 너희 자신들을 제사장들에게 보여라!"

629 그들은 가게 되었고 깨끗해졌습니다.

630 그들 중에 1명은 나아진 것을 보고, 큰 음성으로 하나님께 영광돌리며 돌아왔습니다. 그분께 감사하며 그분의 발 곁에 얼굴대고 엎드렸습니다. 그는 사마리아인이었습니다.

631 예수님께서 대답하여 말씀하셨습니다. "10명이 깨끗게되지 않았느냐? 그러나 9명은 어디있느냐? 이 외국인 외에는 하나님께 영광을 드리러 돌아온 자가 발견되지 않았느냐?" 그리고 그에게 말씀하셨습니다. "일어서 가라! 네 믿음이 너를 구원하였다."

632 바리새인들에게서 "언제 하나님의 왕국이 옵니까?"라고 물음당하자, 그분이 그들에게 대답하셨으며 말씀하셨습니다. "하나님의 왕국은 관찰되도록 오지 않는다. '오! 여기다.' 또는 '오! 거기다.'라고 말하지 못할 것이다. 오! 하나님의 왕국은 너희 안에 있기 때문이다."

633 **그분이 제자들에게 말씀하셨습니다.** "너희가 어느 날 사람의 아들을 보는 것을 사모할 것이지만, 보지 못할 기간이 올 것이다.

634 사람들이 너희에게, '오! 여기다.' 또는 '오! 거기다.'라고 말할 것이다. 가지도 말고 핍박하지도 말 것이다.

635 하늘아래 이편에서 하늘아래 저편까지 번쩍이는 번개가 비추는 것처럼, 사람의 아들도 그의 날에 이같을 것이다.

636 그러나 첫번째로 그는 많은 것들로 고난받고, 이 세대에게서 버림받아야 한다.

637 노아의 기간에 된 그대로, 사람의 아들의 기간에도 이같을 것이다.

638 노아가 방주로 들어가던 날까지, 식사하고 마시고 결혼하고 시집가다가, 홍수가 왔으며 일체모든 자들을 멸망시켰다.

639 롯의 기간에 되어진 것도 비슷하다. 식사하고 마시고 사고 팔고 심고 지었다. 롯이 소돔에서 나갔던 날, 하늘에서 불과 유황이 비내려왔으며 일체모든자들을 멸망시켰다. 사람의 아들이 나타나지는 날에 이런 식으로 될 것이다.

640 그 날에, 지붕 위에 있으면서 집 안에 그의 그릇들이 있는 자는, 그것을 들고가려고 내려오지 말아라! 비슷하게, 밭에 있는 자도 뒤로 돌아가지 말아라!

641 롯의 여자를 기억해라!

642 누구든지 자기 영혼을 구원하고자 하는 자는 그것을 멸망시킬 것이다. 누구든지 그것을 멸망시키는 자는 그것을 살려 계대시킬 것이다.

643 너희에게 말하는데, 이 밤에 둘이 한 침대에 있을 것이다. 한 명은 데려가질 것이며 또다른 한명은 버려두어질 것이다.

644 둘이 그 위에서 매갈고 있을 것이다. 한 명은 데려가질 것이며 또다른 한명은 버려두어질 것이다. 둘이 밭에 있을 것이다. 한 명은 데려가질 것이며 또다른 한명은 버려두어질 것이다."

645 그들이 대답하여 그분께 말합니다. "어딥니까? 주님!" 그러자 그분이 그들에게 말씀하셨습니다. "몸이 있는 곳, 거기에, 독수리들이 모일 것이다."

646 항상 기도하고 절망하지 말아야하는 것을 비유로 그들에게

말씀하셨습니다. "어떤 성에 하나님을 두려워하지 않고 사람을 선대하지 않는 어떤 재판관이 있었다.

647 그 성에 과부가 있었는데, 그에게 와서, 말하기를, '내 소송자로부터 내게 원한갚아주십시오!'

648 그때에, 그는 원치 않았다. 이후에, 속으로 말했다. '내가 하나님을 두려워하지 않고 사람을 선대하지 않는다해도, 허나, 이 과부가 나를 괴롭게 하기 때문에, 그녀에게 원한갚아 줄 것인데, 끝까지 와서 나를 휘어잡지 않기 위함이다.'"

649 주님이 말씀하셨습니다. "불의한 재판관이 무엇을 말하는지를 들어라! 하나님께서 낮과 밤, 그분에게 외치는 그분의 선택한 자들의 원한갚음을 결코 행하시지 않겠느냐? 그들에게 참으시겠느냐? 너희에게 말하는데, 그분은 신속히 그들의 원한갚음을 행하실 것이다.

650 그렇지만 사람의 아들이 오는데, 그가 땅에서 믿음을 발견하겠느냐?"

651 그분은 자신을 의롭다고 확신하며, 나머지를 멸시하는 어떤 자들에게 이 비유를 말씀하셨습니다.

652 "두 사람이 기도하러 성전으로 올라갔다. 한 명은 바리새인 이며 또다른 한명은 세금징수원이다.

653 바리새인은 혼자서 서서 이것을 기도하였다. '하나님! 제가 나머지 사람들 곧 토색하는 자들, 불의한 자들, 간음하는 자 들처럼 되지 않으며, 또한 이 세금징수원과 같지도 않은 것 을, 당신께 감사드립니다.

654 저는 안식일에 2번 금식하며, 가진 모든 것들에 십일조드립 니다.'

655 세금징수원은 멀리 서서, 눈을 하늘로 들기도 원치않았다. 다만, 그의 가슴을 치며, 말하기를, '하나님! 죄인인 저를 긍 휼히받아주옵소서!'

656 너희에게 말하는데, 이 자가 그보다 의롭게여겨져, 그의 집 으로 내려갔다.

657 자신을 높이는 모든 자는 낮아질 것이며, 자신을 낮추는 모 든 자는 높아질 것이다."

658 **사람들이 그분께 아기들을 만져달라고 바쳤습니다. 그러자 제자들이 보고 그들을 꾸짖었습니다.**

659 그러자 예수님께서 그들을 불러 말씀하셨습니다. "아이들이 나에게 오는 것을 허용해라! 그들을 금하지 말아라! 하나님의 왕국이 이런 자들의 것이기 때문이다.

660 진실로 너희에게 말하는데, 누구든지 하나님의 왕국을 아이와 같이 영접하지 않는 자는, 결코 거기로 들어가지 못하리라."

661 어떤 통치자가 그분께 물었는데, 말하기를, "선한 선생님! 제가 무엇을 행하여, 영원한 생명을 상속받을 것입니까?"

662 예수님께서 그에게 말씀하셨습니다. "왜, 나를 선하다고 말하느냐? 한 분, 하나님 외에는 아무도 선하지 않다.

663 너는 계명들을 안다. 간음하지 말 것이다. 살인하지 말 것이다. 도둑질하지 말 것이다. 거짓증언하지 말 것이다. 네 아버지와 네 어머니를 공경해라!"

664 그러자 그가 말했습니다. "이 모든 것들은, 저의 소년기부터 지켰습니다."

665 예수님께서 이것을 들으시고, 그에게 말씀하셨습니다. "여전히 네게 한 가지가 모자라다. 네가 갖고있는 모든 것들을 팔

아라! 그리고 가난한 자들에게 다줘라! 그러면 하늘에 보물을 가질 것이다. 그리고 와서 나를 따라라!"

666 그는 이것을 듣고 심히근심하게 되었습니다. 그는 매우 부유하였기 때문입니다.

667 그러자 예수님께서 그를 보시고 심히근심하게 되셔서 말씀하셨습니다. "금전을 갖고있는 자들이 얼마나 어렵게 하나님의 왕국으로 들어갈 것인가?

668 부유한 자가 하나님의 왕국으로 들어가는 것보다, 낙타가 바늘의 눈을 통해 들어가는 것이 더쉽기 때문이다."

669 그러자 듣는 자들이 말했습니다. "누가 구원받을 수 있습니까?" 그러자 그분이 말씀하셨습니다. "사람들에게는 불가능한 것들이지만, 하나님에게는 능력있으시다."

670 베드로가 말했습니다. "오! 우리는 모든 것들을 버렸으며 당신을 따랐습니다."

671 그러자 그분이 그들에게 말씀하셨습니다. "진실로 너희에게 말하는데, 하나님의 왕국을 인하여, 집이나 부모나 형제들이나 여자나 자녀들을 버린 자는, 이 때에 여러 배와, 오는

세상에서 영원한 생명을 결코 받아가지지 못할 자가 아무도 없다."

672 그분이 12명을 데려가시면서 그들에게 말씀하셨습니다. "오! 우리가 예루살렘으로 올라가는데, 선지자들을 통해 사람의 아들에게 기록된 모든 것들이 끝마쳐질 것이다.

673 왜냐하면, 그는 이방인들에게 넘겨질 것이며, 희롱당할 것이며 능욕받을 것이며 침뱉음당할 것이다.

674 채찍질하고 그를 죽일 것이다. 제 3일에, 그는 일어설 것이다."

675 그들은 이 말씀들 중 아무 것도 깨닫지 못했는데, 이 선포된 말씀이 그들에게서 감추어져 있었으며, 그들은 말씀되어진 것을 알지 못했습니다.

676 그분이 여리고로 가까오시게 되셨는데, 어떤 눈먼 자가 구제 구하며 길 가에 앉아있다가, 군중이 그분의 꼼꼼히지나감을 듣고, 이 일이 무엇인지를, 질문했습니다.

677 그러자 그들이 그에게 전했습니다. "나사렛인 예수님께서 지나가신다."

678 그가 외쳤는데, 말하기를, "예수여! 다윗의 아들이여! 저를 긍휼히여겨주십시오!"

679 앞서가는 자들이 그를 잠잠하라고 꾸짖었습니다. 그러나 그는 더욱 많이 소리질렀습니다. "다윗의 아들이여! 저를 긍휼히여겨주십시오!"

680 그러자 예수님께서 서지셔서, 자기에게 끌려져오도록 그에게 명하셨습니다. 그가 가까오자 그에게 물으셨는데, 말씀하시기를, "너는, 내가 네게 무엇을 행하기를 원하느냐?" 그러자 그가 말했습니다. "주님! 올려보는 것입니다."

681 예수님께서 그에게 말씀하셨습니다. "올려보아라! 네 믿음이 너를 구원하였다."

682 즉시 그가 올려보았으며, 하나님께 영광돌리며 그분을 따랐습니다. 모든 백성이 보고 하나님께 찬송을 드렸습니다.

683 그분이 여리고로 들어가시며 거쳐가셨습니다. 오! 삭개오란 이름으로 불려지는 남자, 그는 세금징수장이며, 이 자는 부유하였습니다. 그는 예수님이 어떤 분이신가를 보고자 하였으나, 키가 작아, 군중에게서 할 수 없었습니다.

684 그분이 그 곳을 통해 거쳐가시게 될 것이기에, 그는 그분을 보려고 앞에서 향해달려가 돌무화과나무에 올라갔습니다.

685 예수님께서 그 장소에 오셨으며, 올려보시고, 그를 보셨으며, 그에게 말씀하셨습니다. "삭개오야! 애쓰며 내려와라! 오늘 네 집에 내가 머물러야 하기 때문이다."

686 그는 애쓰며 내려왔으며 기뻐하며 그분을 모셔영접하였습니다.

687 일체모든 자들이 보고 심히원망하였는데, 말하기를, "그분이 죄인인 남자에게 융합하러 들어가셨다."

688 삭개오가 서서 주님에게 말했습니다. "오! 주님! 제가 보유하는 것들의 절반을 가난한 자들에게 줍니다. 어떤 자에게 무엇을 가로챘다면, 4배를 갚습니다."

689 예수님께서 그에게 말씀하셨습니다. "오늘 구원이 이 집에 일어났으니, 이러므로 그도 아브라함의 아들이다. 사람의 아들은 멸망한 자를 찾아 구원하러 왔기 때문이다."

690 그들이 이 말씀을 듣자, 그분이 비유를 더하여 말씀하셨는데, 그분이 예루살렘에 가까이 계셨으며 또한 하나님의 왕국이

즉시 위로나타나지게 될 것이라고 그들이 생각하였기 때문입니다. 그런즉, 그분이 말씀하셨습니다. "어떤 귀족적인 사람이, 자신이 왕국을 받고 돌아오려고, 먼 지방으로 갔다.

691 그는 자신의 10명의 종들을 불러 그들에게 10개의 므나를 주었으며 그들에게 말했다. '내가 오기까지 장사해라!'

692 그의 시민들은 그를 미워하여 그의 뒤로 사신을 보내어, '이분이 우리 위에 왕되는 것을 원하지 않습니다.'라고 말했다.

693 그가 왕국을 받아 올라와있게 되었으며, 은을 준 이 종들을 소리내어불러 말했는데, 누가 어떻게 철저히장사했는가를 알기 위함이었다.

694 그러자, 첫째가 나아왔으며, 말하기를, '주님! 당신의 1므나가 10므나를 일하여만들었습니다.'

695 그가 그에게 말했다. '잘했다! 선한 종아! 네가 가장작은 것에 믿음있게 있었으니, 10개의 성들 위쪽에서 권세를 갖고 있어라!'

696 둘째가 오는데 말하기를, '주님! 당신의 1므나가 5므나를 만들었습니다.'

697 그러자 그가 이 자에게도 말했다. '너도 5개의 성들 위쪽에 서 있어라!'

698 또다른 자가 왔으며, 말하기를, '주님! 오! 제가 당신의 1므나를 수건에 따로놓아 갖고있었습니다. 당신은 엄한 사람이기에, 제가 당신을 두려워하였기 때문입니다. 당신은 두지 않은 것을 들고가고, 씨뿌리지 않은 것을 추수하십니다.'

699 그가 그에게 말한다. '너를 네 입에서 심판할 것인데, 악한 종아!

700 너는 내가 두지 않은 것을 들고가며 씨뿌리지 않은 것을 추수하는 엄한 사람이라고 알았느냐?

701 무엇때문에 내 은을 은행에 주지 않았느냐? 그러면 내가 와서, 이자와 함께 그것을 하였으리라.'

702 그리고 곁에선 자들에게 말했다. '그에게서 1므나를 들고가라! 그리고 10므나 갖고있는 자에게 주어라!'

703 그들이 그에게 말했다. '주님! 그는 10므나를 갖고있습니다.'

704 너희에게 말하는데, 갖고있는 모든 자에게 주어질 것이며,

갖고있지 않은 자에게서는 갖고있는 것도 그에게서 들고가질 것이기 때문이다.

705 그렇지만, 내가 그들 위에 왕되는 것을 원치않는 나의 그 원수들을, 여기 끌고와라! 그리고 내 앞에서 대적살해해라!"

706 그분은 이것을 말씀하시고 앞에서 가셨으며, 예루살렘으로 올라가셨습니다. 벳바게와 베다니, 올리브라 불려지는 산에 가까오시게 되자, 그분의 제자들 중 둘을 보내셨으며, 말씀하시기를, "반대편 마을로 가라! 거기 들어가면, 언제고 어떤 사람들도 앉지 않은, 묶여진 나귀새끼를 발견할 것이다. 그것을 풀어 끌고와라!

707 만약 누가 너희에게, '무엇때문에 푸시오?'라고 요구하여묻는다면, 너희는 그에게 이같이 말할 것이다. '그것의 주님이 필요를 갖고계십니다.'"

708 그러자 보내어진 자들이 가서, 그분이 자기들에게 말씀하신 그대로를 발견하였습니다.

709 그들이 나귀새끼를 풀자, 그 주인들이 그들에게 말했습니다. "왜, 당신들은 나귀새끼를 푸시오?" 그러자 그들이 말했습니다. "그것의 주님이 필요를 갖고계십니다."

710 그들이 그것을 예수님에게 끌고왔습니다. 자신들의 겉옷들을 나귀새끼 위에 걸치고 예수님을 태웠습니다.

711 그분이 가시자, 길에 자기들의 겉옷들을 아래펼쳤습니다.

712 그분이 이미 올리브 산의 내리막에 가까오시자, 제자들의 일 체모든 무리가 자기들이 본 모든 능력들에 대하여 큰 음성으로 하나님을 찬송하여 기뻐하기 시작했으며, 말하기를, "주님의 이름으로 오시는 왕은 축복되시도다! 하늘에는 평안! 가장높은 곳에 영광!"

713 군중으로부터 어떤 바리새인들이 그분에게 말했습니다. "선생님! 당신의 제자들을 꾸짖으십시오!"

714 그분이 대답하여 그들에게 말씀하셨습니다. "너희에게 말하는데, 만약 이들이 잠잠하다면, 돌들이 소리지를 것이다."

715 가까오시자, 성을 보시고, 그것에 우셨으며, 말씀하시기를, "너도 알았다면 좋았을텐데. 허나! 너의 오늘날에 너의 평안에 대한 일들이 지금 네 눈에서 감추어졌다. 네게 기간이 올 것인데, 너는 네 돌봄받는직분의 때를 알지 못한 자이기에, 네 원수들이 네게 토성을 입힐 것이며, 너를 에워쌀 것이며, 사면으로 너를 사로잡을 것이며, 그 안에 너와 네 자녀들을

굳어버리게할 것이며, 그 안에 돌위에 돌을 버려두지 않을
것이다."

716   그분은 성전으로 들어가, 그 안에서 파는 자들과 사는 자들을
내보내기 시작하셨으며, 그들에게 말씀하시기를, "'내 집은
기도의 집이다.'라고 기록되었다. 그러나 너희는 그것을 강
도들의 굴로 만들었다."

717   그분은 날마다 성전에서 가르치시고 계셨습니다. 대제사장들
과 서기관들 및 백성의 첫번째인 자들은 그분을 멸망시키려
하였습니다. 그들은 무엇을 행할지를 발견하지 못했는데, 일
체모든 백성이 그분에게서 듣는데 열심이었기 때문입니다.

718   그 어느 날에, 그분이 성전에서 백성을 가르치시며 복음전하
시게 되셨는데, 장로들과 함께 대제사장들과 서기관들이 와
서섰으며 그분께 말했습니다. "무슨 권세로 이것들을 행하는
지 또한 이 권세를 당신에게 준 분이 누구인지, 우리에게 말
씀해주십시오!"

719   그분이 대답하여 그들에게 말씀하셨습니다. "나도 너희에게
한 말씀을 요구하여물을 것인데, 내게 말해라! 요한의 세례
가 하늘에서냐? 아니면 사람들에서냐?"

720   그러자 그들은 서로 동의하였으며, 말하기를, "만약 '하늘에서'라고 말한다면, '그런즉 무엇때문에 너희는 그를 믿지 않았느냐?'라고 말할 것이다. 만약 '사람에서'라고 말한다면, 모든 백성이 우리를 돌로찍을것이다." 요한이 선지자인 것이 확신되었기 때문입니다.

721   그들은 어디서인지 알지 못함을 대답했습니다.

722   예수님께서 그들에게 말씀하셨습니다. "나도 무슨 권세로 이것들을 행하는지를 너희에게 말하지 않는다."

723   그분이 이 비유를 백성에게 말씀하시기 시작하셨습니다. "어떤 사람이 포도원을 심었으며, 그것을 농부들에게 임대하였으며, 매우긴 동안 외국나갔다.

724   때에, 그는 포도원의 열매에서 일부를 자기에게 드리라고, 농부들에게 종을 보냈다. 그러자 농부들이 그를 때리고 거저 보냈다.

725   그는 또다른 종을 보내기를 더하였다. 그러자 그들은 그도 때리고 천대하고 거저 보냈다.

726   그는 세 번째를 보내기를 더하였다. 그러나 이 자도 상처나

게하고 내보냈다.

727 그러자 포도원의 주인이 말했다. '어떻게 할까? 사랑하는 내 아들을 보낼 것이다. 아마 이를 보고 선대할 것이다.'

728 그러자 농부들이 그를 보고 서로 의논하였으며, 말하기를, '이 자는 상속자다. 상속이 우리 것이 되도록, 와서 그를 죽이자.'

729 그들이 그를 포도원 밖으로 내보내어 죽였다.

730 그런즉 포도원의 주인이 그들에게 어떻게 행하겠느냐? 그가 올 것이며, 이 농부들을 멸망시킬 것이며, 포도원을 다른 자들에게 줄 것이다."

731 그들이 듣고 말했습니다. "그렇게 안되면 좋겠습니다."

732 그러자 그분이 그들을 쳐다보시며 말씀하셨습니다. "그런즉, '짓는 자들이 버린 돌, 그것이 모퉁이의 머리가 되었다.'라고 기록된 이 말이 무엇이냐? 그 돌 위에 떨어지는 자가 모두 깨질 것이다. 위에 떨어지는 자마다, 그것이 그를 깨뜨릴 것이다."

733 대제사장들과 서기관들은 그 시간에 그분에게 손을 대려 하였으나 백성을 두려워하였습니다. 그분이 이 비유를 자기들에게 말씀하셨다는 것을 알았기 때문입니다.

734 그들은 살펴지키다가, 그분의 말을 붙들어서 총독의 실권과 권세에 그분을 넘겨주려고, 자신들이 의인임을 판정하는 정탐하는 자들을 보내었습니다.

735 그들이 그분께 물었는데, 말하기를, "선생님! 우리는 당신이 옳게 말씀하시고 가르치시며, 얼굴로 받지 않으시며, 다만 하나님의 길을 진리로 가르치신다는 것을 알았습니다.

736 우리가 가이사에게 식민세를 주는 것이 옳습니까? 옳지 않습니까?"

737 그러자 그분은 그들의 간계를 생각하시고 그들에게 말씀하셨습니다. "너희는 왜 나를 시험하느냐? 내게 데나리온을 보여라! 그것이 누구의 형상과 글을 갖고있느냐?" 그러자 그들이 대답하여 말했습니다. "가이사의 것입니다."

738 그러자 그분이 그들에게 말씀하셨습니다. "자! 이제, 가이사의 것은 가이사에게, 하나님의 것은 하나님께 갚아라!"

739 그들은 백성 앞에서 그분의 선포된말씀을 붙드는데 강하지 않았습니다. 그들은 그분의 대답에 기이히여겨 조용하였습니다.

740 사두개인들, 곧 부활이 있지 않다고 반대하는 자들 중 어떤 자들이 나아와, 그분께 물었는데, 말하기를, "선생님! 모세가 우리에게 기록하였는데, 만약 어떤 자의 형제가 여자를 갖고 있는데 죽고, 이 자가 자녀없이 죽었다면, 그의 형제가 여자를 받고 그의 형제에게 자손을 일어서게하는 것입니다.

741 일곱 형제가 있었습니다. 첫째가 여자를 받고 자녀없이 죽었습니다. 둘째가 여자를 받고, 이 자도 자녀없이 죽었습니다. 세째도 그녀를 받습니다. 그와같이 일곱이 자녀를 남기지 않았으며 죽었습니다. 모든 것들의 그 후에, 여자도 죽었습니다.

742 부활시, 그녀는 그들 중 누구의 여자가 됩니까? 일곱이 그녀를 여자로 갖고있기 때문입니다."

743 예수님께서 대답하여 그들에게 말씀하셨습니다. "이 세상의 아들들은 결혼하고 시집간다. 그러나 그 세상 및 죽은 자들 중에 부활을 당함에 합당하게여겨진 자들은 결혼하지도 시집가지도 않는다. 그들은 더이상 죽을 수도 없다. 천사와동등하며 하나님의 아들들 곧 부활의 아들들이기 때문이다.

744 죽은 자들은 일으켜지는데, 모세가 가시덤불에서 알리었으니, 아브라함의 하나님 이삭의 하나님 야곱의 하나님이라고 주님을 말한 것이다.

745 하나님은 죽은 자들의 하나님이 아니라, 다만 살아있는 자들의 하나님이시다.

746 모든 자들이 그분에게는 살아있기 때문이다."

747 **서기관들 중 어떤 자들이 대답하여 말했습니다. "선생님! 좋게 말씀하셨습니다."**

748 **그들이 그분께 묻는데 아무 것도 더이상 담대하지 못했습니다.**

749 **그분이 그들에게 말씀하셨습니다. "어떻게 그리스도를 다윗의 아들이라고 말하느냐? 다윗, 그가 시편(찬양의 성경책)에서 말한다. '주님이 내 주님께, "내가 네 원수들을 네 양발의 발판으로 두기까지, 너는 내 오른편에 앉아라!"라고 말씀하셨다.'**

750 **그런즉 다윗이 그를 주님이라고 불렀는데, 어떻게 그분이 그의 아들이겠느냐?"**

751 모든 백성이 듣는데, 그분이 그분의 제자들에게 말씀하셨습니다. "깨끗한옷 입고 걷기를 원하며, 시장에서 평안인사와 회당에서 높은자리와, 잔치에서 상석을 좋아하는 서기관들을 조심해라! 그들은 과부들의 집들을 먹어버리며 외식으로 길게 기도한다.

752 이들은 더넘치게 판결을 받을 것이다."

753 그분은 부유한 자들이 헌금함으로 그들의 예물을 넣는 것을 올려보아 보셨습니다. 또 어떤 극빈한 과부가 거기에 2렙톤을 넣는 것을 보셨습니다. 그리고 말씀하셨습니다. "참으로 너희에게 말하는데, 이 가난한 과부가 모든 자들보다 더많이 넣었다. 이들 일체모든 자들은, 그들의 남는 중에 하나님의 예물로 넣었으나, 이 자는 자신의 부족함 중에 갖고있는 일체모든 살림을 넣었다."

10장

754절~779절 [개역개정, KJV 21:5~21:36]

말세, 미혹, 재림

10장

NEW
누가복음

754 어떤 자들이 성전이 좋은 돌들과 헌물들로 꾸며진 것에 대하여 말하자, 그분이 말씀하셨습니다. "너희가 지켜보는 이것들에게, 무너뜨려지지 않을 돌이 돌 위에 버려두어지지 않을 기간이 올 것이다."

755 그러자 그들이 그분께 물었는데 말하기를, "선생님! 언제 이 일들이 있겠습니까? 이 일들이 일어나게 될 때, 표적이 무엇입니까?"

756 그러자 그분이 말씀하셨습니다. "너희가 미혹되지 않도록 바라보아라! 많은 자들이, '내가 그다.', '때가 가까왔다.'라고 말하며, 내 이름으로 올 것이기 때문이다.

757 그런즉 그들을 뒤쫓아 가지 말 것이다.

758 전쟁들과 소란들을 들을 때, 깜짝놀라지 말 것이다. 이 일

이 첫번째로 일어나야 하며, 다만 곧바로 끝은 아니기 때문이다."

759 **그때 그분이 그들에게 말씀하셨습니다.** "이방 대 이방이, 왕국 대 왕국이 일으켜질 것이다. 장소에 따라 큰 지진과 흉년과 전염병이 있을 것이며, 두려운 일들과 하늘에서의 큰 표적들이 있을 것이다.

760 이 일체모든 일 전에, 사람들이 자기들의 손을 너희에게 댈 것이며, 핍박할 것인데, 회당들과 감옥들에 넘겨주어 내 이름으로 인하여 왕들과 총독들에게 끌려가지는 것이다.

761 그것이 너희에게 증거로 떠나올 것이니, 그런즉 설파하는 것을 미리연구하지 않기로 너희 마음에 두어라! 너희를 적대하는 모든 자들이 변박할 수도 대적할 수도 없는 입과 지혜를 내가 너희에게 줄 것이기 때문이다.

762 또 너희는 부모들과 형제들과 친족들과 친구들에게서 넘겨질 것이며, 그들이 너희 중 일부를 죽일 것이다. 너희는 내 이름 때문에 모든 자들에게서 미움받으며 있을 것이다.

763 너희 머리에서 털하나 결코 멸망하지 않을 것이다.

764 너희의 인내로 너희 영혼을 가져라!

765 예루살렘이 군병들에게서 둘러에워싸지는 것을 볼 땐, 그의
      황폐함이 가까왔다는 것을 알아라!

766 그때 유대에 있는 자들은 산으로 도망해라! 그 한가운데 있
      는 자들은 빠져나와라! 지방에 있는 자들은 그리로 들어가
      지 말아라!

767 이 기간은, 기록된 모든 것들이 성취되는 원한갚음의 기간
      이다.

768 그 기간에, 자궁안에 갖고있는 자들에게와 젖먹이는 자들에
      게 화있다! 땅에 큰 부득이함이, 이 백성에 진노가 있을 것
      이기 때문이다.

769 그들은 칼의 입에 무너질 것이며, 모든 이방인들로 포로잡
      힐 것이다. 예루살렘은 이방인들의 때가 성취되기까지 이방
      인들에게서 짓밟힐 것이다.

770 태양과 달과 뭇별들에 표적들이 있을 것이며, 땅에는 바다
      와 파도의 동일한소리로 혼란가운데 이방인들의 곤고가 있
      을 것이며, 사람들은 천하에 와서머무는 일들의 두려움과

기대로 기절하는데, 하늘들의 능력들이 흔들릴 것이기 때문이다.

771 그때 사람의 아들이 구름가운데 많은 능력과 영광으로 오는 것을 볼 것이다.

772 이 일들이 일어나기 시작하면, 펴서일어나라! 그리고 너희의 머리들을 들어라! 너희의 구속이 가까왔기 때문이다."

773 **그분이 그들에게 비유를 말씀하셨습니다. "무화과나무와 모든 나무들을 보아라!**

774 이미 그들이 싹틀 땐, 너희는 자신으로부터 바라보면, 이미 여름이 가깝다는 것을 안다.

775 이같이 너희도, 이 일들이 일어나는 것을 볼 땐, 하나님의 왕국이 가깝다는 것을 안다.

776 진실로 너희에게 말하는데, 모든 일들이 일어날 때까지는, 이 세대가 결코 지나가지 않으리라.

777 하늘과 땅은 지나갈 것이지만, 내 말은 결코 지나가지 않으리라.

778 스스로 조심해라! 너희 마음이 방탕과 취함과 생활의 염려
로 무거워져, 그 날이 너희에게 홀연히 와서서지 않기 위함
이다. 올무같이, 모든 땅의 표면에 앉아있는 모든 자들에게
와서머물 것이기 때문이다.

779 그런즉 일어나게 될 이 모든 일을 피하고, 사람의 아들 앞에
서는데, 합당하게여겨지기 위하여, 모든 때에 간청하며 잠
자지못하게해라!"

780절~**886**절 [개역개정, KJV 21:37~23:56]

죄 사함의 조건 : 온전한 회개

11장

NEW
누가복음

780 그분은 낮에는 성전에서 가르치시고 계셨습니다. 밤에는 나
가셔서 올리브라 불려지는 산에 유하셨습니다. 모든 백성이
그분께 들으려고, 성전에 계신 그분에게 새벽에 모였습니다.

781 유월절이라 하는 무교절의 명절이 가까왔습니다. 대제사장들
과 서기관들은 어떻게 그분을 죽일까를 찾았습니다. 그들이
백성을 두려워하였기 때문입니다.

782 사탄이 12의 수에 있는 가룻이라 일컬어지는 유다에게 들어
갔습니다. 그는 가서, 대제사장들과 상관들에게, 어떻게 그분
을 넘겨줄까를, 그들과 대화하였습니다.

783 그들은 기뻐하였으며, 그에게 은을 주기로 약속하였습니다.
그가 공개발언하였으며, 군중이 없는 중에, 그분을 그들에게
넘겨줄 기회를 찾았습니다.

784 유월절을 희생제사되어져야하는 무교절의 날이 왔습니다.

785 그분은 베드로와 요한을 보내셨으며, 말씀하시기를, "가서, 우리에게 유월절을 준비해라! 우리가 먹기 위함이다."

786 그러자 그들이 그분께 말했습니다. "우리가 어디서 준비하기를, 당신은 원하십니까?" 그러자 그분이 그들에게 말씀하셨습니다. "오! 너희가 성으로 들어가면, 물 한동이를 짊어진 사람이 너희를 만날 것이다. 그가 들어가는 집으로 그를 따라가라! 그리고 집주인에게 말할 것이다. '선생님이 "내 제자들과 함께 유월절을 먹을 여관이 어디 있느냐?"라고 당신에게 말씀하십니다.'

787 그도 펼쳐진 큰 다락방을 너희에게 보여줄 것이다. 거기서 준비해라!"

788 그러자 그들은 가서, 그분이 자기들에게 권고하신 그대로를 발견하였으며, 유월절을 준비하였습니다.

789 시간이 되었을 때, 그분이 앉으셨으며, 그분과 함께 12 사도들이 앉았습니다.

790 그분이 그들에게 말씀하셨습니다. "나는 고난받기 전에, 이

유월절을 너희와 함께 먹기를 사모함으로 사모하였다. 너희에게 말하는데, 왜냐하면 하나님의 왕국에서 성취될 때까지, 내가 더이상 그것을 결코 먹지 않으리라."

791 그리고 잔을 영접하시고, 감사하시고 말씀하셨습니다. "이것을 받아라! 그리고 자신들에게 나누어라! 너희에게 말하는데, 왜냐하면 하나님의 왕국이 올 때까지, 나는 포도나무에서 난것을 결코 마시지 않으리라."

792 빵을 받으시고, 감사하시고 떼셨으며 그들에게 주셨으며, 말씀하시기를, "이것은 내 몸 곧 너희를 위하여 주는 것이다. 나를 위로부터생각나도록, 이것을 행해라!"

793 잔치하신 후, 잔도 그와같이 하셨으며, 말씀하시기를, "이 잔은, 내 피로의 새 계약 곧 너희를 위하여 쏟아지는 것이다.

794 오! 그렇지만 나를 넘겨주는 자의 손이 나와 함께 상 위에 있다.

795 사람의 아들은 정해진 대로 간다. 그렇지만 넘겨주는 그 사람에게는 화있다!"

796 그들은 서로 문의하기 시작했는데, 곧, 그렇다면 이 일을 하

게 될 자가 그들 중에 누구냐는 것입니다.

797 또 그들 안에 다툼이 일어났는데, 곧, 그들 중 누가 더크다고 생각하느냐는 것입니다.

798 그러자 그분이 그들에게 말씀하셨습니다. "이방인들의 왕들은 그들을 주관하며, 그들을 집권하는 자들은 은인이라 불려진다.

799 그러나 너희는 이같지 않다. 다만 너희가운데 더큰 자는 더 젊은 자와 같이 되어라! 인정하는 자는 섬기는 자와 같이 되어라!

800 누가 더크냐? 앉아식사하는 자냐? 아니면 섬기는 자냐? 앉아식사하는 자가 아니냐? 그러나 나는 섬기는 자와 같이 너희 한가운데에 있다.

801 너희는 나의 시험들 가운데 나와 함께 항상머무는 자들이다. 내 아버지께서 내게 왕국을 맡겨두신 것처럼, 나도 너희에게 맡겨두는데, 너희가 내 왕국에 내 상에서 식사하고 마시며, 보좌에 앉아 이스라엘의 12지파를 심판하는 것이다."

802 주님이 말씀하셨습니다. "시몬아! 시몬아! 오! 사탄이 너희를 청구하였는데, 밀과 같이 까부르는 것이다. 그러나 나는 네 믿음이 바닥나지 않도록 너에 대하여 간청하였다. 네가 언제 돌아오면, 네 형제들을 굳게하여라!"

803 그러자 그가 그분께 말했습니다. "주님! 저는 당신과 함께 감옥에도 죽음에도 가는 것이 준비되어 있습니다."

804 그러자 그분이 말씀하셨습니다. "내가 네게 말하는데, 베드로야! 네가 나를 알지 못한다고 3번 거부하기 전에는, 닭이 오늘 결코 소리내어부르지 않을 것이다."

805 그리고 그들에게 말씀하셨습니다. "내가 너희를 지갑과 가방과 신발 없는중에 보냈을 때, 어떤 것이 부족하지 않았느냐?" 그러자 그들이 말했습니다. "아무것도 부족하지 않았습니다."

806 그런즉 그분이 그들에게 말씀하셨습니다. "다만, 지금은 지갑을 갖고있는 자는 들고가라! 비슷하게 가방도 그러하다. 갖고있지 않는 자는 그의 겉옷을 팔아라! 그리고 칼을 사라! 너희에게 말하는데, 기록된 것, 곧 '그가 불법자들과 함께 여겨졌다.'라는 이 말이, 내게 끝마쳐지게 되어야, 나에 관한 것들이 끝을 갖기 때문이다."

807 그러자 그들이 말했습니다. "주님! 오! 여기 칼이 2개 입니다."

808 그러자 그분이 그들에게 말씀하셨습니다. "매우많다."

809 그분은 나가셔서, 전례를 따라 올리브 산으로 가셨습니다. 그분의 제자들도 그분을 따랐습니다.

810 그분이 그 장소에 계시자, 그들에게 말씀하셨습니다. "시험에 들어가지 않도록 기도해라!"

811 그분은 돌 던질 정도로, 그들로부터 빼어지셨으며, 무릎을 대고 기도하셨는데, 말씀하시기를, "아버지! 이 잔을 내게서 가져가옮기는 것을 당신이 뜻하시면 좋겠습니다. 그렇지만 나의 뜻이 아니고, 다만 당신의 것이 되옵소서!"

812 하늘에서 천사가 그분을 힘있게하며 그분에게 보여졌습니다.

813 그분은 더적극적으로 영적싸움하게 되며 기도하셨습니다.

814 그분의 땀이 피 방울처럼 땅에 비내리게 되었습니다.

815 기도로부터 일어서셔서, 제자들에게 가셔서, 근심으로 잠든

그들을 발견하셨으며, 그들에게 말씀하셨습니다. "왜, 너희
는 자느냐? 시험에 들어가지 않기 위하여, 일어서서 기도해
라!"

816 그분이 아직 얘기하시는데, 오! 군중 및 열둘 중 한 명인 유다
라 하는 자가 그들보다 먼저와서, 예수님을 좋아하는 것으로
그분께 가까왔습니다.

817 그러자 예수님께서 그에게 말씀하셨습니다. "유다야! 입맞춤
으로 사람의 아들을 넘겨주느냐?"

818 그러자 그분의 주변 사람들은, 있게될 일을 보고 그분께 말했
습니다. "주님! 우리가 칼로 칠까요?" 그들 중 어떤 한 명이
대제사장의 종을 쳤으며, 그의 오른쪽 귀를 없앴습니다.

819 예수님께서 대답하여 말씀하셨습니다. "이것까지 허락해라!"

820 그분은 그의 귓바퀴를 만져 그를 낫게하셨습니다.

821 예수님께서 그분에게 온 대제사장들과 성전의 상관들과 장로
들에게 말씀하셨습니다. "강도에게와 같이, 칼들과 통나무
들을 가지고 나왔느냐? 날마다 내가 성전에서 너희와 함께
있었는데, 너희가 내게 손을 내밀지 않았다.

822 다만 이 시간은 너희의 시간이며, 어두움의 권세이다."

823 그들이 그분을 잡아 끌고갔으며, 대제사장의 집으로 그분을 데리고들어갔습니다. 베드로는 멀리서 따랐습니다.

824 뜰 한가운데에 불을 켜서, 그들이 함께앉았는데, 베드로가 그들 한가운데 앉았습니다.

825 그러자 어떤 어린여종이 빛을 향해 앉아있는 그를 보고, 그를 주목하며 말했습니다. "그분과 함께 이 자가 있었다."

826 그러자 그가 그분을 부인하였으며, 말하기를, "여자야! 나는 그를 알지 못한다."

827 쪼금 후, 또다른 자가 그를 보고 들려주었습니다. "당신도 그들 중 한 명이다."

828 그러자 베드로가 말했습니다. "사람아! 나는 아니다."

829 한 시간 정도 간격떨어져, 다른 어떤 자가 힘주었으며, 말하기를, "진리로 말하는데, 이 자도 그와 함께 있었다. 갈릴리인이기 때문이다."

830 그러자 베드로가 말했습니다. "사람아! 나는 네가 말하는 것을 알지 못한다."

831 아직 그가 얘기하고있는데, 즉시 닭이 소리내어불렀습니다. 주님께서 돌아서셔서 베드로를 쳐다보셨습니다. 베드로는 주님의 말씀이 위로부터생각들었는데, "닭이 소리내어부르기 전에, 네가 나를 3번 거부할 것이다."라고 그에게 말씀하신 것입니다.

832 베드로는 밖에 나가서 심히 울었습니다.

833 예수님을 사로잡은 남자들이, 그분을 때리며 희롱하였습니다. 그분을 가리고 그분의 얼굴을 쳤으며, 그분께 물었는데, 말하기를, "예언해라! 누가 너를 갈겨친 자냐?" 그들은 또다른 많은 것으로, 그분을 모독하며 말했습니다.

834 낮이 되자, 백성의 장로 및 대제사장들과 서기관들이 모였으며, 그분을 자신들의 공회로 이끌었으며, 말하기를, "네가 그리스도라면, 우리에게 말해라!"

835 그러자 그분이 그들에게 말씀하셨습니다. "만약 내가 너희에게 말한다해도, 너희는 결코 믿지 않으리라. 만약 내가 요구하여묻는다해도, 너희는 결코 내게 대답하거나 놓아보내지

않으리라.

836 지금부터 사람의 아들은 하나님의 능력의 오른편에 앉아있을 것이다."

837 그러자 모두가 말했습니다. "그런즉 당신이 하나님의 아들이냐?" 그러자 그분이 그들에게 들려주셨습니다. "내가 그인 것을 너희가 말한다."

838 그러자 그들이 말했습니다. "우리가 증거로 더 이상 무슨 필요를 갖겠는가? 우리가 그의 입에서 그말들을 들었기 때문이다."

839 그들의 일체모든 무리가 일어서, 그분을 빌라도에게 끌고갔습니다.

840 그분을 고소하기 시작했는데, 말하기를, "이 자가 이방을 거역하며, 가이사에게 식민세 드리는 것을 금하며, 자신을 그리스도 왕이라고 말하는 것을 발견하였습니다."

841 그러자 빌라도가 그분께 물었는데, 말하기를, "네가 유대인들의 왕이냐?" 그러자 그분이 그에게 대답하여 들려주셨습니다. "네가 말한다."

842 그러자 빌라도가 대제사장들과 군중들에게 말했습니다. "나
는 이 사람 안에 어떤 죄명도 발견하지 못한다."

843 그러자 그들은 강해지는데, 말하기를, "그는 갈릴리에서 시
작하여, 여기까지, 온 유대마다, 가르치며 백성을 선동합
니다."

844 그러자 빌라도가 갈릴리라고 듣고, 그분이 갈릴리인인가를
물었습니다. 그는 그분이 헤롯의 권세에 속한 것을 알고, 그
분을 헤롯에게 올려보냈는데, 그도 이 기간에 예루살렘에 있
던 것입니다.

845 그러자 헤롯은 예수님을 보고 심히 기뻐하였는데, 그분에 대
해 많은 것을 들었기 때문에, 그분을 보기를 오래 원하고 있
었으며, 그분에게서 되어지는 어떤 표적이라도 보기를 소망
하였기 때문입니다.

846 그는 매우많은 말로 그분께 물었습니다. 그러나 그분은 그에
게 아무 것도 대답하지 않으셨습니다.

847 대제사장들과 서기관들이 유력하게 그분을 고소하며 서있었
습니다.

848 자기 군사들과 함께 헤롯은 그분을 멸시하고, 희롱하고, 그분에게 환한 의상을 입혀, 그분을 빌라도에게 올려보냈습니다.

849 빌라도와 헤롯은 그 날 남남끼리 친구가 되었습니다. 그들은 서로 원수로 있으면서 전에있었기 때문입니다.

850 빌라도는 대제사장들과 통치자들과 백성을 불러모으고, 그들에게 말했습니다. "이 사람이 백성을 돌이켜머물게하는 것으로, 너희가 내게 바쳤다. 오! 내가 너희 앞에서 판단하였으나, 그를 향해 고소하는 죄명을, 이 사람에게서 어떤것도 발견하지 못했다. 다만 헤롯도 못했다. 내가 그에게 너희를 올려보냈기 때문이다. 오! 죽음에 마땅한 어떤 것도 그에게 해지지 않는다.

851 그런즉 그를 징계하고 놓아보낼 것이다."

852 그는 명절마다 한 명을 그들에게 놓아보내는 부득이함을 갖고있습니다.

853 그래서 그들은 일제히 부르짖었는데, 말하기를, "이 자를 들고가십시오! 우리에게 바라바를 놓아보내십시오!" 그는 성에서 일어난 어떤 민란과 살인 때문에 감옥으로 던져진 자였습니다.

854 그런즉 다시 빌라도가 예수님을 놓아보내기를 원하여 불렀습니다.

855 그러자 그들이 소리질러듣게하여, 말하기를, "십자가에못박으시오! 그를 십자가에 못박으시오!"

856 그러자 그가 그들에게 세 번째 말했습니다. "이 자가 무슨 나쁜 것을 행하였기 때문이냐? 나는 그에게서 어떤 죽음의 죄명도 발견하지 못했다. 그런즉 그를 징계하고 놓아보낼 것이다."

857 그러자 그들은 그분을 십자가에못박히기를 구하여 큰 음성들로 앞에놓았습니다. 그들 및 대제사장들의 음성들이 이겼습니다.

858 빌라도는 그들의 요구가 되는 것으로 판결내렸습니다.

859 그러자 그는 민란과 살인 때문에 감옥에 던져진 자, 곧 그들이 구하는 자를 그들에게 놓아보냈습니다. 그리고 그는 예수님을 그들의 뜻에 넘겨주었습니다.

860 그들이 그분을 잡아끌고가자, 촌에서 오는 어떤 구레네인 시몬을 붙들고, 예수님 뒤에서 십자가를 가져오도록 그에게 얹

었습니다.

861 백성과 여자들의 많은 무리가 그분을 따랐는데, 그들은 가슴 쳤으며 또한 그분으로 슬피울었습니다.

862 그러자 예수님께서 그들에게 돌아서셔서 말씀하셨습니다. "예루살렘의 딸들아! 나에 대해 울지 말아라! 그렇지만 자신들에 대해 그리고 너희 자녀들에 대해 울어라! 오! '불임인 자들과 낳지 못하는 태들과 젖먹이지 못한 가슴들이 복 있다.'라고 말할 기간이 온다.

863 그때 산들에게 '너희는 우리 위에 무너져라!', 작은산들에게 '너희는 우리를 덮어라!'라고 말하기 시작할 것이다.

864 푸른 통나무에도 이런 일들을 행한다면, 마른 것에는 무엇이 일어나리오."

865 그분과 함께 또다른 두 행악자들도 죽임당하려고 끌려가졌습니다.

866 그들이 해골이라 불리는 장소에 왔을 때, 거기서 그분과 행악자들을 십자가에못박았는데, 오른편에 한 명 왼편에 한 명이었습니다.

867 그러자 예수님께서 말씀하셨습니다. "아버지! 그들을 사해 주십시오! 그들이 무엇을 행하는지를 알지 못했기 때문입니다."

868 그들이 그분의 겉옷들을 나눠 제비돌을 던졌습니다.

869 백성은 지켜보면서 서있었습니다. 그들과 함께 통치자들도 우습게여겼는데, 말하기를, "다른 자들을 구원하였으니, 이 자가 하나님의 선택하신 분 그리스도라면, 자신을 구원해라!"

870 그들 및 군인들도 그분을 희롱하였는데, 나아와 신포도주를 그분께 바치며 말하기를, "네가 유대인들의 왕이라면, 너자신을 구원해라!"

871 그분 위에, 그리스와 로마와 히브리 글자로, "이 자는 유대인들의 왕이다"라고 기록된 글이 있었습니다.

872 달린 행악자들 중 한 명이 그분을 모독하였는데, 말하기를, "네가 그리스도라면, 너자신과 우리를 구원해라!"

873 또다른 자가 대답하여 그를 꾸짖었는데, 말하기를, "너는 그 판결 가운데 있으면서, 하나님을 두려워하지 않느냐? 우리

는 의롭게이루어져서, 우리가 한 것에 마땅한 것들을 받아들이기 때문이다. 그러나 이 분은 이상한 어떤 일도 하지 않으셨다."

874 그가 말했습니다. "예수님! 당신이 당신의 왕국에 오실 때, 주님! 제가 기억나십시오!"

875 예수님께서 그에게 말씀하셨습니다. "진실로 네게 말하는데, 오늘 나와 함께 낙원에 있을 것이다."

876 12시 정도였는데, 어두움이 15시까지 온 땅에 있었습니다. 태양이 어두워졌으며, 성전의 휘장이 한가운데서 갈라집니다. 예수님께서 큰 음성으로 소리내어불러 말씀하셨습니다. "아버지! 당신의 손에 제 영을 내줄 것입니다."

877 이것을 말씀하시고, 영이나갔습니다.

878 그러자 백부장은 일어난 일을 보고, 하나님께 영광돌렸는데, 말하기를, "이 사람은 진짜 의인이었다."

879 이 구경에 함께온 모든 군중들도 일어난 일들을 지켜보고, 자신들의 가슴을 치며 돌아갔습니다.

880 그분을 아는 모든 자들이 멀리 서있었는데, 갈릴리에서 그분을 함께따른 여자들도 이것을 보면서 서있었습니다.

881 오! 공회의원을 보유하고있는, 이름이 요셉인 남자는, 선하고 의로운 남자로서, 이 자는 그들의 뜻과 행위에 같이하지 않았는데, 유대인들의 성 아리마대 출신이며, 그도 하나님의 왕국을 기다리는 자였는데, 이 자가 빌라도에게 나아가 예수님의 몸을 구하였습니다.

882 그리고 그것을 내려버려, 그것을 세마포에 말았으며, 결코 아무도 놓여진 적이 없는, 바위에판 굴무덤에 그것을 두었습니다.

883 그 날은 예비일이었으며, 안식일이 동텄습니다.

884 갈릴리에서 그분과 함께하고 있던 여자들도 좇아와서, 무덤과 그분의 몸이 두어진 것을 눈여겨보았습니다.

885 그리고 돌아가, 향품과 향유를 준비하였습니다.

886 계명을 따라, 그들은 안식일에 함구하였습니다.

12장

887절~**928**절 [개역개정, KJV 24:1~24:53]

부활과 회개의 전파

12장

NEW
누가복음

887 안식의 날 1일 깊은 새벽, 그녀들 및 그녀들과 함께 어떤 자들이, 준비한 향품들을 가지고 굴무덤에 왔습니다.

888 무덤에서 돌이 굴려진 것을 발견하였으며, 들어가서는 주 예수님의 몸을 발견하지는 못했습니다.

889 그녀들이 이것에 대하여 당황되게 되었는데, 오! 두 남자가 번쩍이는 차림으로 그들에게 와서셨습니다.

890 그녀들이 두려움에빠지게 되어, 땅에 얼굴을 누웠는데, 그들이 그녀들에게 말했습니다. "왜, 살아계신 분을 죽은 자들에서 찾느냐?

891 그분이 여기 계시지 않고, 다만 일으켜지셨다. 그분이 갈릴리에 계시는 중에 너희에게 말씀하시기를, '사람의 아들은 죄있는 사람들의 손에 넘겨져, 십자가에못박히고, 제 3일에 일어

서야 한다.'라고 얘기하신 것을 기억해라!"

892   그녀들은 그분의 선포된말씀을 기억하였습니다. 무덤에서 돌아가, 모든 11 명과 모든 나머지들에게 이것을 전하였습니다.

893   그녀들은 막달라 마리아와 요안나와 야고보의 마리아 및 그녀들과 함께한 나머지 여자들이었는데, 그녀들은 이것을 사도들에게 말했습니다.

894   그녀들의 선포된말이 그들 앞에서 우화처럼 나타나졌으며, 그들은 그녀들을 안믿었습니다.

895   그러나 베드로는 일어서 무덤에 달려갔으며, 구부려 오직 이 불보자기가 놓여진 것을 보고서, 일어난 일을 기이히여기며 혼자 갔습니다.

896   오! 그 날에, 그들 중 둘이 예루살렘에서 약11km떨어진, 이름이 엠마오인 마을로 가고 있었습니다. 그들은 발생한 이 모든 일에 대하여 서로 이야기주고받았습니다.

897   그들은 이야기주고받으며 문의하게 되었는데, 예수님 그분이 가까오셔서 그들과 동행하였습니다. 그러나 그들의 눈이 붙

잡혀있어서 그분을 알지 못한 것입니다.

898 그러자 그분이 그들에게, "너희가 걸으면서, 서로 주고받는 이 말이 무엇이냐?"라고 말씀하셨는데, 그들은 어두운안색 이었습니다.

899 그러자 이름이 글로바인, 한 명이 그분에게 대답하여 말했습니다. "당신은 오직 예루살렘에 우거하는데, 이 기간에 거기서 일어난 일을 알지 못했습니까?"

900 그분이 그들에게 말씀하셨습니다. "무슨 일이냐?" 그러자 그들이 그분께 말했습니다. "나사렛인 예수님에 대한 일입니다. 그분은 하나님과 모든 백성 앞에서, 행위와 말씀에서 능력있는 남자 선지자이셨습니다. 그런데 우리의 대제사장들과 통치자들이 그분을 죽음의 판결로 넘겨주었으며, 그분을 십자가에못박았습니다. 그러나 우리는 그분이 이스라엘을 대속하시게 될 분이라고 소망했습니다.

901 다만 이 모든 것들과 함께, 이 일이 이루어진 지, 오늘, 제 3 일을 끌고갑니다.

902 다만, 우리 중에 어떤 여자들도 우리를 놀라게하였는데, 그들은 새벽일찍 무덤에 있었으나, 그분의 몸을 발견하지 못하고

왔는데, 그분이 살으셨다고 말하는, 천사들의 이상도 보았다는 말입니다.

903 우리와 함께한 자들 중 어떤 자들도 무덤에 갔으며, 여자들이 말한 것과 같이 이같이 발견하였으나, 그분을 보지는 못했습니다."

904 그분이 그들에게 말씀하셨습니다. "오오! 선지자들이 얘기한 모든 것들을 믿는데, 마음에 통찰력없고 느린 자들아! 그리스도가 이런 일을 고난받고 자기 영광으로 들어가야 하지 않느냐?"

905 그리고 모세부터와 모든 선지자들로부터 시작하여, 모든 성경에서 자신에 대한 것들을 그들에게 통역해주셨습니다.

906 그들이 가는 마을로 가까와졌으나, 그분은 더 멀리 가시려고 앞장서셨습니다.

907 그들이 그분에게 요청하였으며, 말하기를, "우리와 함께 머무십시오! 저녁을 향하고 있습니다. 날이 누웠습니다."

908 그들과 함께, 그분은 머무시러 들어가셨습니다.

909 그분이 그들과 함께 뉘어앉히시게 되셨고, 빵을 받으시고 축복하셨으며, 떼어 그들에게 건네주셨습니다.

910 그들의 눈이 밝히열렸으며 그분을 알았습니다. 그분은 그들에게 안나타나시게 되셨습니다.

911 그들은 서로 말했습니다. "그분이 길에서 우리에게 얘기하시자, 그리고 그분이 우리에게 성경을 밝히여시자, 우리 안에서 우리 마음이 켜지지 않았느냐?"

912 그들은 그 시간에 일어서, 예루살렘으로 돌아갔는데, 11명 및 그들과 함께한 자들이 참석되어, "주님이 진짜 일으켜지셨으며, 시몬에게 보이셨다."라고 말하는 것을 발견하였습니다.

913 그들도 길에서의 일들과 그분이 빵을 떼심으로 그들에게 알려진 것을 표현하였습니다.

914 그들이 이것을 얘기하는데, 예수님 그분이 그들 한가운데에 서셨으며 그들에게 말씀하십니다. "너희에게 평안!"

915 그러자 그들은 깜짝놀라며, 두려움에빠지게 되어, 영을 지켜본다고 생각했습니다.

916 그분이 그들에게 말씀하셨습니다. "왜, 요동하고 있느냐? 무엇 때문에 너희 마음에 의논들이 올라오느냐? 내 양손과 내 양발을 보아라! 내가 그다.

917 나를 만져보아라! 그리고 보아라! 영은 육체와 뼈들을 갖고 있지 않으나, 그대로 갖고있는 나를, 너희가 지켜본다."

918 그분이 이것을 말씀하시고, 그들에게 양손과 양발을 보이셨습니다.

919 여전히 기쁘지만 그들이 안믿고 기이히여기자, 그분이 그들에게 말씀하셨습니다. "너희는 여기서 무슨 먹을 것을 갖고 있느냐?" 그러자 그들이 그분께 구운 물고기 한 부분과 꿀의 벌집에서 일부를 건네드렸습니다.

920 그분은 받으시고, 그들 앞에서 잡수셨습니다.

921 그분이 그들에게 말씀하셨습니다. "아직 너희와 함께 있으면서, 내가 너희에게 얘기한 말은, 모세의 율법과 선지자들과 시편에서 나에 대하여 기록된 모든 것들이 성취되어야 한다는 것이 이것이다."

922 그때 성경을 깨닫도록, 그분이 그들의 지각을 밝히여셨습니

다. 그리고 그들에게 말씀하셨습니다. "기록된 것같이, 이같이 그리스도가 고난받고 제 3 일에 죽은 자들에서 일어서며, 그의 이름으로 회개와 죄들의 사함이, 예루살렘에서 시작하여 모든 이방인들에게 전파되어야 한다.

923 너희는 이 일들의 증인들이다.

924 오! 내가 너희에게 내 아버지의 약속하신 것을 보낸다. 너희는 높은데서부터 능력을 입을 때까지 예루살렘 성에 앉아라!"

925 그분은 그들을 베다니까지 밖으로 데리고나가셨으며, 그분의 양손을 들어 그들을 축복하셨습니다.

926 그분이 그들을 축복하시게 되셨으며, 그들에게서 간격떨어지셨으며, 하늘로 올리워지셨습니다.

927 그들이 그분께 예배하고, 큰 기쁨으로 예루살렘으로 돌아갔습니다. 그리고 하나님을 찬송하며 축복하면서, 늘 성전에 있었습니다.

928 진실로! 누가에 의한 복음!

박경호헬라어스트롱사전

[1:1 한글 대응]

(NEW 마태복음과 NEW 누가복음에 사용된 단어를 수록하였습니다)

스트롱코드	뜻
6	아벨
7	아비야
9	아빌레네
10	아비훗
11	아브라함
12	음부
15	선행하다
18	선한, 선한 (자)(것)
20	즐거움
21	즐거워하다
23	분내다
25	사랑하다
27	사랑한, 사랑하는
29	강요하다
30	그릇
32	천사, 전달자
34	떼
37	거룩하다, 거룩하게하다
40	거룩한 (자)(분)
43	팔뚝
44	낚시
46	말끔한
50	못통찰하다
58	시장
59	사다
61	어획
63	들에있다
66	야생
68	밭, 촌, 들

69	잠자지못하다, 잠자지못하게하다
71	끌려가(오)다, 끌고가(오)다
74	영적싸움
75	힘쓰다
79	자매, 누이
80	형제
82	분명치않은
85	슬퍼하다
86	지옥
91	불의하다
93	불의
94	불의한 (자)
101	능치못하다
102	불가능한 (것)
105	독수리
106	무교절
107	아소르
114	저버리다
121	부당한
123	해변
125	애굽
129	피
131	피흘리다
134	찬송하다
136	찬송
140	선택하다
142	들고가다, 들어라(명령), 들려져라(명령), 들고오다
143	감지하다

152	수치	220	닭
153	수치스럽다	224	가루
154	구하다	225	진리
155	요구	227	참된
156	죄목	228	참, 참인
158	죄명	229	(매)갈다
160	홀연히	230	참으로
163	포로잡다(수동 : 포로잡히다)	231	어부
164	포로	233	짜게하다
165	세상	235	다만
166	영원한	240	남(들)
167	더러움	241	외국인
169	더러운	243	다른, 다른쪽
173	가시나무	245	남(타인을 지칭)
175	열매없는	254	쇠사슬
181	소란	256	알패오
185	순결하다	257	타작마당
188	아직까지	258	여우
189	소문	260	한가지로
190	따르다	264	범죄하다
191	듣다(수동 : 들리다)	266	죄, (복수)죄들
192	무능력	268	죄인, 죄있는
198	자세히묻다	272	등한히여기다
199	자세히, 자세하게	273	흠없이
200	메뚜기	275	걱정없게(없도록)
206	맨끝	281	진실로
208	폐하다	284	아미나답
211	옥합	285	모래
217	소금	288	포도나무
218	기름바르다	289	포도원지기

290	포도원
293	그물
294	입히다(수동 : 입다)
297	둘
300	아몬
303	씩(단위)
305	(물에서)올라오다, (산에)올라가다
307	끌어내다
308	올려보다
309	올려봄
310	탄원하다
314	읽다
315	강권하다
318	부득이함
321	이끌다(수동 : 이끌려지다)
322	임명하다
323	임명
326	위로살아나다 (영적으로 살아나는 것)
327	찾다
334	헌물
335	강청함
337	죽이다
338	무죄한
339	바르게앉다
344	돌이키다(영적으로 돌아감)
345	앉아식사하다
347	앉다, 앉히다
349	부르짖다

350	판단하다
352	펴서일어나다
354	승천
355	분리소멸하다
360	풀려나다
364	위로부터생각남
372	쉼
373	쉬다, 쉬게하다
375	올려보내다
376	앉은뱅이
377	앉다
378	이루다
380	두루말아펴다
381	불붙다
383	선동하다
385	끌어올리다
386	부활
390	활동하다
392	저술하다
393	솟아오르다
395	동방(복수), 동쪽(단수)
398	위로나타나다
399	올리다
400	높이부르다
402	물러가다
406	안드레
413	없어지지않는
414	참을만하다
417	바람
418	불가능한

429	찾아내다
430	용납하다
432	회향
435	남자
436	대적하다
437	감사하다
444	사람
449	씻지않은
450	일어서다
451	안나
452	안나스
453	통찰력없는
454	어리석음
455	열다
458	불법
459	불법자
461	똑바로일어나다
465	교환
467	보답하다
468	보답
470	반박하다
471	변박하다
472	중히여기다
473	대신, 대응하는, 이어, ~에 대하여
474	주고받다
476	소송자
479	답례로부르다
480	적대하다
482	돕다

483	반대하다(수동 : 반대당하다)
488	반대로측정하다
492	피해지나가다
495	반대편
504	물없는
508	다락방
509	위, 위부터
511	(더)위로
513	도끼
514	마땅한
515	당연하다
518	전하다
519	목매달다
520	잡아끌고가다
522	(수동 : 빼앗기다)
523	돌려달라하다
525	변화하다
527	연한, 연하게
528	만나다
529	만남
533	거부하다
535	준공
537	일체모든 (것)(자)
539	유혹
545	순종하지않는 (자)
560	바라다
561	맞은편(에서)
565	퍼지다, 가다(오다)
568	떨어져있다
569	안믿다

570	믿음없음		626	설파하다
571	믿음없는		629	구속
573	성한		630	놓아보내다
575	~(로)부터, ~로, ~에게서, ~출신		631	털어버리다
576	떠나오다		633	씻다
582	호적		637	세척하다
583	호적하다		638	질식시키다(수동 : 질식되다)
586	십일조드리다		640	혼란
588	환영하다		645	빼다(칼을)
589	외국나가다		647	이혼
591	갚다		649	(사람)보내다 : 떠나보내는 것
593	버리다(수동 : 버림받다)		653	꼬투리잡다
596	곳간		654	돌이켜머물다
598	밀치다		657	작별하다
599	죽다		660	떨쳐버리다
600	회복하다, 회복시키다		667	받아데려가다 (수동 : 받아데려가지다)
601	나타나다			
602	계시		672	떠나가다
606	따로놓다		674	기절하다
607	목베다		680	만지다
608	봉쇄하다		681	켜다
611	대답하다		684	멸망
612	대답		†686	이미, 그래서, 그렇다면
613	숨기다		687	의문접두사(~느냐?)
614	숨긴		689	람
615	죽이다(수동 : 죽임당하다)		692	무익한
617	굴리다		694	은
618	받아가지다, 받아들이다		696	은
621	핥다		700	기쁘게하다
622	멸(망)하다, 멸망시키다		704	어린양

705	(숫자를)세다(수동 : 세어지다)		769	연약함
706	수(숫자를 말함)		770	병들다
707	아리마대		772	연약한 (자)
709	점심먹다		779	부대(통을 말함)
712	오찬, 점심		782	평안인사하다
713	충분하다, 족한		783	평안인사
714	족하다		787	앗사리온
720	부인하다		792	별
722	밭갈다		796	번개
723	쟁기		797	번쩍이다
724	탐심		798	뭇별
726	빼앗다		801	못깨닫는
727	토색하는		803	확신
†730	남성		805	확고하게하다
732	병든 (자)		811	방탕하게
737	지금		815	자녀없는
740	빵		816	주목하다
741	간맞추다		817	없는중에
744	옛사람		818	천대하다
745	아켈라오		820	존경없음
746	처음, 처음실권자, 실권		824	이상한
749	대제사장		832	피리불다
752	회당장		833	뜰
754	세금징수장		834	피리부는자
756	시작하다		835	유하다
758	통치자		837	자라다
759	향품		839	내일
760	아사		840	엄한
762	꺼지지않는		845	목격자
768	아셀		846	그의(인칭대명사NP)

851	없애다(수동 : 없어지다)	916	피곤하다
853	상하게하다	917	둔하게
855	안나타나는	918	바돌로매
856	뒤	920	바요나(요나의 아들)
859	사함	922	짐
863	허용하라, 버려두다, 사하다	925	무겁게하다
868	떠나다	926	무거운 (것)
870	두려움없이	927	귀한(최상급: 매우귀한)
873	갈라내다	928	괴롭히다(수동 : 괴로워하다)
876	거품	930	고문자
878	어리석은 (자)	931	고통
879	선잠자다(높임말 : 선잠드시다)	932	왕국
881	아하스	933	왕궁
884	은혜모르는 (자)	935	왕
885	아킴	936	왕되다
888	마땅치않은	938	여왕
891	까지	941	짊어지다
892	쭉정이	942	가시덤불
897	바벨론	943	22리터(22L)
899	깊이	945	헛된반복하다
900	깊게하다	946	가증한것
901	깊은	953	범하다
905	지갑	954	바알세불
906	던지다(수동 : 던져지다), 넣다	963	베다니
907	세례주다(수동 : 세례받다)	965	베들레헴
908	세례	966	벳새다
910	세례(요한)	967	벳바게
911	(물을)찍다	968	재판석
912	바라바	971	침략하다(수동 : 침략되다)
914	바라갸	973	침략자

975	책		1033	양식
976	성경책		1034	먹을 것
979	살림		1035	먹는 것
982	생활의		1036	가라앉다(수동 : 가라앉혀지다)
984	상하게하다		1040	면화옷
985	싹나다		1043	가브리엘
987	모독하다		1046	거라사인
988	모독		1049	헌금함
991	바라보다, 보다		1055	고요함
992	붓는		1056	갈릴리
994	외치다		1057	갈릴리인
997	돕다		1060	결혼하다
999	구덩이		1061	(여자가)결혼하다
1000	던짐		1062	결혼식
1003	보아스		1063	왜냐하면, ~때문이다
1005	북방(복수), 북쪽(단수)		1064	자궁
1006	먹다, 먹이다		1065	허나
1010	공회의원		1067	지옥불
1011	계획하다		1068	겟세마네
1012	뜻(하심)		1069	지인
1014	뜻하다		1070	웃다
1015	작은산		1072	채우다(수동 : 채워지다)
1016	소(동물)		1073	가득하다
1021	느린		1074	세대
1023	팔(신체)		1077	생일
1024	쪼끔		1078	낳으심
1025	아기		1080	낳다
1026	비내리다		1081	낳은 것, 난 것
1028	비		†1081	난 것
1030	갊(이를, 이빨을)		1082	게네사렛

1083	태어남, 태어나심
1084	낳은자
1085	종류
1089	맛보다
1092	농부
1093	땅
1094	쇠함
1096	되다, 생기다, 일어나다, 이루다, 나다
1097	알다(동침하다는 뜻)
1100	혀
1107	알게하다
1108	지식
1110	아는 (자)
1111	원망하다
1115	골고다
1118	부모
1119	무릎
1120	무릎꿇다
1121	글자
1122	서기관
1124	성경
1125	기록하다(수동 : 기록되다)
1127	깨어있다
1131	벗은
1135	여자
1137	모퉁이
1138	다윗
1139	귀신들리다
1140	귀신

1142	귀신
1144	눈물
1146	반지
1147	손가락
1155	빌리다, 빌려주다
1156	빚
1157	채권자
1158	다니엘
1159	낭비하다
1160	비용
1161	그리고, 그러나, 그러자
1162	간구
1163	~해야 한다
1166	보여주다
1169	무서워하는 (자)
1170	아무
1171	몹시
1172	잔치하다
1173	잔치
1176	10, 열
1179	데가볼리
1180	14, 열넷
1184	받아들여지는
1186	나무
1188	오른쪽(단수), 오른편(복수), 오른쪽것(형대단수)
1189	간청하다
1193	가죽
1194	때리다(수동 : 맞다)
1195	묶다

1196	동여매다(수동 : 동여매어지다)		1249	섬기는자
1197	단		1252	분별하다
1198	죄수		1254	말리다
1199	결박		1255	이야기나누다
1203	주권자		1257	그만두다
1204	오다		1259	화해하다
1205	오다		1260	의논하다
1207	첫번째 후 두번째		1261	의논
1208	둘째, 두번째		1263	낱낱이증거하다
1209	영접하다		1265	항상머물다
1210	묶다		1266	나누다
1211	이제		1267	나눔
1212	분명한		1269	몸짓하다
1220	데나리온		1270	의도
1223	~를 통해, ~때문에, ~동안, ~로, 내내		1271	뜻
			1272	밝히열다
1224	건너지나가다		1273	밤새다
1225	일러바치다		1275	늘
1227	밝히보다		1276	건너가(오)다
1228	마귀		1279	꼼꼼히지나가다
1229	일러주다		1280	당황하다
1232	마음에간직하게하다		1281	철저히장사하다
1234	심히원망하다		1283	늑탈하다
1235	완전히깨다		1284	찢다(수동 : 찢어지다)
1239	다주다		1285	고하다
1242	계약		1286	강포하다
1244	분할하다		1287	흩다 (수동 : 흩어지다, 흩어버리다)
1245	청소하다			
1247	섬기다		1291	경계하다
1248	섬김		1294	거역하다

1295	구해주다(수동 : 구함받다)
1298	심히요동하다
1299	지정하다
1301	지켜내다
1302	무엇때문에
1303	맡겨두다
1308	귀하다
1310	소문내다(수동 : 소문나다)
1311	썩게하다
1314	굳게지키다
1316	단절하다
1318	가르치는
1319	교훈
1320	선생님
1321	가르치다(수동 : 가르침받다)
1322	가르침
1323	두드라크마
1325	주다(수동 : 주어지다), 높임 : 드리다
1326	깨어나다, 깨우다
1327	광장
1329	통역해주다
1330	거쳐가다
1332	두살
1334	각인시키다
1335	내력
1339	간격떨어지다
1340	힘주다
1342	의인, 의로운 것, 의로운
1343	의

1344	의롭게여기다
1346	의롭게
1348	재판장
1350	그물
1352	때문에
1353	철저히길따라가다
1358	구멍뚫다
1360	~한 것 때문에
1362	두배
1364	두번
1365	의심하다
1368	걸러내다
1369	불화시키다
1371	두배때리다
1372	목마르다
1375	핍박
1377	핍박하다(수동 : 핍박받다)
1378	문서
1380	생각하다, 생각나다
1381	분변하다
1385	들보
1388	계략
1390	줄것
1391	영광
1392	영광돌리다(수동 : 영광받다)
1398	섬기다
1399	여종
1401	종
1403	초청잔치
1410	~할 수 있다

1411	능력
1413	능력자
1415	능력있는
1416	지다(태양이)
1417	2, 둘
1419	어려운
1423	어렵게
1424	서방(복수), 서쪽(단수)
1427	열둘, 12
1430	지붕
1432	값없이
1435	예물
1436	으악!
1437	QV누구든지, 만약~다면
1438	속, 자신, (예외:그것들), 스스로
1439	허락하다
1440	70(칠십)
1441	70번, 일흔번
1444	히브리
1448	가까오다 (완료 : 가까왔다)
1451	가까운, 가까이,
1453	얼어나다. 일으키다
1454	일어남
1455	정탐하는 자
1459	버리다
1470	넣다
1471	양수로배부른
1473	나, (복수)우리
1474	굳어버리게하다
1478	히스기야

1480	관례하다
1482	이방인
1484	이방, 이방인
1485	전례
1486 (†1486)	전례화하다
1487	만약(jh넣고, js뺌)
1491	모습
†1492	알다
1500	공연히
1501	이십(20)
1504	형상
1510	이다, 있다(높임:계시다), 속하다
1515	평안
1518	평안케하는 (자)
1519	~로, ~로서, ~하도록, 까지, ~에 대해, 겨냥하는, 위해
1520	일(1), 한명
1521	데리고들어가다(오다)
1522	듣다(수동 : 들리다)
1525	들어가다, 들어오다
1531	들어가다, 들어오다
1533	끌려들어가다, 끌고들어가다
1534	후에
1537	~에게서, ~에서, ~로부터(의), 출신으로, ~중(에), 중 일부, 중 하나
1538	각각
1540	백(100)
1542	백배(100배)

1543 (†1543)	백부장
1544	내보내다
1547	시집가다
1548	시집가다
1554	임대하다
1556	원한갚다
1557	원한갚음
1559	박해하다
1562	발가벗기다
1563	거기, 거기서, 거기로
1564	거기서, 거기
1565	그, 그곳
1567	치루다
1573	절망하다
1577	교회
1580	메고나오다(수동 : 메고나와지다)
1581	찍어버리다(수동 : 찍혀버려지다)
1582	열심이다
1584	빛나다
1586	택하다
1587	바닥나다
1588	선택한 (자)
1590	(수동 : 낙심되다)
1591	씻기다
1592	우습게여기다
1598	시험하다
1605	놀라다
1606	영이나가다
1607	나오다

1610	뽑다
1611	경이로움
1614	내밀다
1615	완성하다
1617	(더)적극적으로
1621	떨어버리다
1622	겉
1623	(서수)제 육, 여섯째
1627	가지고나오다
1628	피하다
1631	내밀다
1632	쏟다(수동 : 쏟아지다)
1633	빠져나오다
1636	올리브
1637	기름
1643	(수동 : 밀려가다)
1645	가벼운
1646	가장작은(비교급)
1648	엘르아살
1651	책망하다
1653	긍휼히여기다
1654	구제
1655	긍휼히여기는(자)
1656	긍휼
1658	자유한
1662	엘리아김
1664	엘리웃
1665	엘리사벳
1666	엘리야
1668	종기

1669	종기앓다	1748	매복하다
1673	그리스	1751	율법안에있다
1679	소망하다	1752	~하기에, 인하여
1683	저자신	1754	역사하다
1684	(배로)오르다	1758	달라붙다
1685	던져넣다	1759	여기서
1686	넣다	1760	생각하다
1689	쳐다보다	1761	생각
1690	엄히경계하다	1763	해, 한해
1694	임마누엘	1765	힘있게하다
1699	나의, 내것, 우리의(것)	1766	(서수)제 구, 아홉째
1702	희롱하다(수동 : 희롱당하다)	1767	9, 아홉
1705	만족하게하다(수동 : 만족되다)	1768	99, 아흔아홉
1706	빠지다	†1768	90, 아흔
1711	장사(매매를 말함)	1770	머리신호하다
1713	상인	1777	처벌된
1714	불태우다	1779	장사지내다
1715	앞에((서)의)	1781	명하다
1716	침뱉다(수동 : 침뱉음당하다)	1782	여기서
1718	나타나다	1784	존귀한
1719	두려움에빠진	1785	계명
1722	안에,~에서, 입은, 중에(는)	1787	안(에)
1727	대항하는	1788	선대하다
1733	11, 열한(기수)	1794	말다
1734	십일(11) (서수)	1799	앞, 앞에(서)
1735	존재하다	1803	육, 6
1737	옷입다	1806	데리고나가다
1741	영광스러운	1807	빼다
1742	옷	1809	청구하다
1746	입다	1810	갑자기

1816	싹나다
1817	일어서게하다
1821	보내다
1823	찬란하다
1831	나오다, 나가다
1832	옳다
1833	캐묻다
1834	표현하다
1835	육십
1836	그다음날
1839	놀라다, 놀라게하다
1841	별세
1843	공개발언하다
1844	맹세하다
1848	멸시하다
1849	권세, (정관사3588+)권세자
1850	집권하다
1854	밖에, 밖으로, 바깥에, 밖에서
1855	겉, 겉으로는
1857	더바깥(비교급)
1859	명절
1860	약속하신 것
1865	모여있다
1867	칭찬하다
1869	(눈을)들다, 높이다
1870	부끄러워하다
1871	구걸하다
1875	~거든, ~하면(가정법X, 상황○)
1877	이끌어내어지다(수동형태)
1879	머물며쉬다, 머물며쉬게하다

1880	올라와있다
1881	대적하다
1883	위쪽에(서)
1887	다음날
1893	다음
1895	~차에
1896	돌보다
1899	그런다음
1904	와서머물다
1905	묻다(수동 : 물음당하다)
1907	머물러있다
1908	모욕하다
1909	당시, ~에 대해, 맡아, 맡겨, 대고, 대(대응할때)
1910	타다
1911	붙이다, (손을)대다
1913	태우다(짐승 위에)
1914	관심가지다
1915	조각 (천에 쓰였음)
1918	장가들다
1921	알다
1923	글
1925	보이다
1929	건네주다
1934	간구하다
1937	탐하다(탐함), 사모하다
1939	사모함
1940	올라앉다
1941	일컫다
1945	앞에놓다

1948	판결내리다		2022	붓다
1949	붙들다		2032	하늘위
1950	잊어버리다		2033	칠(7)
1959	책임지다		2034	일곱번
1960	부지런히		2036	간주하다
1964	거짓맹세하다		2038	일하다
1967	일용할		2039	성과
1968	임하다		2040	일꾼
1975	도달하다		2041	행위
1977	걸치다		2044	내뱉다
1978	유명한		2046	권고하다
1979	식사거리		2048	광야(명), 한적한(형), 황폐한(형)
1980	돌아보다		2049	황폐하다(수동 : 황폐해지다)
1982	덮다		2050	황폐함
1984	돌봄받는직분		2051	다투다
1988	스승님		2056	염소
1994	돌아오다, 돌아오게하다, 돌아가다		2064	가다, 오다
1996	모으다		2065	요구하여묻다
2001	강해지다		2066	의상
2004	분부하다		2067	차림
2005	완전히이루다		2068	식사하다
2007	얹다		2073	저녁
2008	꾸짖다		2074	헤스론
2010	허락하다		2078	마지막
2012	청지기		2080	안에
2014	계속나타나다		2081	안, 안으로는
2019	소리질러듣게하다		2083	동료
2020	동트다		2087	또다른 한명, 또다른 자
2021	시도하다		2089	여전히, 동안, 이미, 까지, 더 이상, 아직, ~중에

2090	준비하다	2176	왼쪽(단수), 왼편(복수), 왼쪽것(형대단수)	
2092	준비하는			
2094	해, 년, 세(살)	2183	반열	
2095	잘했다	2186	와서서다	
2097	복음전하다	2190	원수	
2098	복음	2191	독사	
2104	귀족적인	2192	갖고있다, 가지다, 입다, 해주다	
2105	좋은날씨			
2106	기뻐하다	2193	~까지, 때까지	
2107	기쁘신뜻	2194	스불론	
2110	은인	2195	삭개오	
2111	적합한	2196	세라	
2112	곧바로	2197	사가랴	
2117	곧바로(부사), 곧바르게(형용사), 곧바른 것(형대)	2198	살다 (분사 : 살아계신)	
		2199	세베대	
		2201	한쌍	
2120	기회	2208	셀롯	
2123	(더)쉬운	2210	잃다	
2126	경건한	2212	찾다, ~하려고 하다	
2127	축복하다(수동 : 축복받다)	2215	가라지	
2128	축복되다	2216	스룹바벨	
2132	합의하다	2218	멍에	
2134	고자하다	2219	누룩	
2135	고자	2220	부풀다	
2147	발견하다(수동 : 발견되다)	2221	사로잡다(수동 : 사로잡히다)	
2149	넓은	2222	생명	
2159	유력하게	2223	띠	
2164	풍작이다	2225	살려계대시키다	
2165	행복하다(수동 : 행복해하다)	2228	이나(or) 또는, 보다, 아니면, ~외에, 또한	
2168	감사하다			

2230	총독이다	2293	담대하라(명령형)
2231	왕위	2296	기이히여기다
2232	총독	2297	기이한일
2233	인정하다, 인정하게하다	2298	기이한
2235	이미	2300	눈여겨보다
2237	향락	2303	유황
2238	박하	2307	뜻
2240	오다	2309	원하다
2241	엘리(아람어)	2310	기초
2243	엘리야	2311	기초하다
2244	키(신체키)	2316	하나님
2246	태양	2322	고침
2250	(복수)기간, 낮, 일, 하루(단수), 날	2323	고치다(수동 : 고침받다)
2253	반쯤죽음	2325	추수하다
2255	절반	2326	추수, 추수할것
2264	헤롯	2327	추수꾼
2265	헤롯인	2330	여름
2268	이사야	2334	지켜보다
2270	함구하다	2335	구경
2278	동일한소리나다	2337	젖먹이다
2279	동일한소리	2338	여성
2280	다대오	2340	책잡다
2281	바다	2343	쌓아두다
2283	다말	2344	보물
2285	놀라움	2346	(수동 : 환난받다)
2288	죽음	2347	환난
2289	죽이다, 죽게하다	2348	죽다
2290	장례하다	2350	(수동 : 웅성거리다)
2292	담대하다	2351	소동
		2352	누르다(수동 : 눌리다)

2354	슬피울다
2355	슬픔
2359	털
2360	(수동 : 무서워지다)
2361	방울
2362	보좌
2364	딸
2368	분향
2370	분향하다
2372	분(감정을 말함)
2373	노하다
2374	문(문짝이 있는 문)
2378	제물
2379	제단
2380	희생제사하다
2381	도마
2383	야이로
2384	야곱
2385	야고보
2390	낫다, 낫게하다(수동 : 나음받다)
2392	병고침
2395	의사
2396	오호!
2397	형상
2398	자기자신(의)
2400	(QS문장접두사)오!
2402	땀
2405	제사장직
2406	제사장때
2407	제사장직무하다

2408	예레미야
2409	제사장
2410	여리고
2411	성전
2414	예루살렘
2419	예루살렘
2421	이새
2423	여고냐
2424	예수(님)
2425	매우많은, 매우긴, 매우큰
2429	습기
2433	긍휼히받(아주)다
2436	긍휼이 임하시기를!
2438	끈
2439	겉옷입다
2440	겉옷
2441	겉속옷
2443	~위하여, (~하기) 위함이다, (~하는) 것이, ~하도록, 곧
2444	어째서, 무엇때문에
2446	요단
2448	유다(지명)
2449	유대(지명)
2453	유대인
2455	유다(이름)
2464	이삭
2465	천사와동등한
2469	가룟
2470	동등하게, 동등한
2474	이스라엘

2476	서다(수동 : 서게되다), 세우다, 서있다	2523	앉다
		2524	달아내리다
2478	더강하시며(비교급), 강한(자)	2525	맡기다
2479	기운	2528	무장하다
2480	강하다	2530	(~어떠)하기에
2481	아마	2531	그대로, 것처럼
2484	이두래	2532	~과(와), ~도, 그래서, 그리고
2485	생선	2533	가야바
2486	물고기	2537	새(new), 새것
2488	요담	2540	때(카이로스), 한때(단수)
2489	요안나	2541	가이사
2491	요한	2542	가이사랴
2495	요나	2545	(불을) 켜다
2496	요람	2546	거기, 거기서
2498	여호사밧	2548	그것들이(도), 그들에게도, 그도
2500	요셉		
2501	요셉	2549	악
2502	요시야	2551	악담하다
2503	점	2554	악행하다
2504	나도	2556	나쁜 (것)
2505	그대로	2557	행악자
2507	내려버리다	2560	나쁘게
2511	깨끗하다, 깨끗하게하다	2563	갈대
2512	정결	2564	부르다(수동 : 불리다)
2513	청결한 (자)	2570	좋은
2515	의자	2572	덮다(수동 : 덮이다)
2516	앉다	2573	좋게
2517	차례로	2574	낙타
2518	자다(높임 : 주무시다)	2575	용광로
2521	앉다	2576	(눈을)감다

2579	~한다해도		2641	떠나다, 남기다
2581	가나안인		2642	돌로찍다
2584	가버나움		2646	여관
2588	마음		2647	무너뜨리다, 융합하다
2590	열매		2648	생각해보다
2591	지도자		2649	심문하다
2592	열매맺다		2651	혼자
2595	티		2653	심히저주하다
2596	~으로, ~따라, ~대로, 거스르는, ~마다		2656	손짓하다
			2657	생각하다
2597	내려오(가)다, (비)내리다		2661	합당하게여기다
2600	내리막		2662	밟다(수동 : 밟히다)
2601	내려가다(수동 : 내려가지다)		2665	휘장
2602	창조		2666	삼키다
2606	비웃다		2668	도착하다
2608	꺾다		2670	(수동 : 빠지다)
2609	대다		2672	저주하다
2611	싸매다		2673	파기하다
2613	정죄하다(수동 : 정죄되다)		2675	온전케하다
2617	창피하다(수동 : 창피당하다)		2680	예비하다
2618	태우다		2681	깃들다
2621	기대어눕다		2682	보금자리
2622	떼어내다		2690	둘러엎다
2623	감금하다		2694	이송하다
2625	뉘어앉다		2695	대적살해하다
2627	홍수		2705	입맞추다
2628	좇아오다		2706	경히여기다
2630	밀어떨어뜨리다		2708	바르다(기름같은 것을)
2632	정죄하다		2711	시원하게하다
2634	주장하다		2713	반대편

2715	권세부리다	2785	큰물고기
2718	당도하다	2787	방주
2719	먹어버리다	2793	위험하다(수동 : 위험해지다)
2720	평탄케하다	2795	움직이다
2722	차지하다	2798	가지
2723	고소하다	2799	울다
2724	고소할증거	2800	떼심
2727	교육하다(수동 : 교육받다)	2801	조각(음식에 쓰였음)
2729	이기다	2805	울음
2730	살다	2806	떼다
2736	아래로	2807	열쇠
†2736	그아래로	2808	닫다(수동 : 닫히다)
2739	태우다(수동 : 태워지다)	2810	글로바
2742	뜨거움	2812	도둑
2749	놓이다	2813	도둑질하다
2753	명하다	2816	상속하다, 상속받다
2756	거저	2817	상속
2762	획	2818	상속자
2763	토기장이	2819	제비돌
2765	동이	2822	초청한자
2766	기와	2823	아궁이
2768	뿔	2825	침대
2769	쥐엄열매	2826	침상
2770	얻다	2827	눕다
2776	머리	2828	떼
2778	머리세	2829	도둑질
2779	동산	2830	밀려옴
2781	벌집	2835	고드란트
2782	전파	2836	태, 배 : 몸의일부분
2784	전파하다(의미 : 복음을)	2837	잠자다

2840	더럽히다	2899	자락
2844	참여함, 참여자	2901	강하다(수동 : 강해지다)
2845	잠자리	2902	붙잡다
2847	붉은	2903	최고권자(호격최상급)
2848	한 알	2904	힘
2851	형벌	2905	소리치다
2852	매로때리다	2906	소리
2853	묻다(먼지 등이)	2910	달다(수동 : 달려있다, 달리다)
2855	돈바꾸는자	2911	비탈
2856	감하다(수동 : 감해지다)	2917	판결
2859	품	2918	백합화
2865	받아내다	2919	심판하다(수동 : 심판받다)
2867	회칠하다(수동 : 회칠되다)	2920	심판
2868	먼지	2923	재판관
2869	멎다	2925	두드리다
2872	수고하다	2927	은밀한, 은밀한 것, 은밀한 곳
2873	괴로움	2928	감추다
2874	거름	2932	가지다
2875	가슴치다, (나무)내려치다	2933	재물
2876	까마귀	2934	가축
2877	소녀	2944	둘러에워싸다
2878	예물	2945	주위, 두루
2884	220리터(220L)	2948	불구된(자)
2885	꾸미다(수동 : 꾸며지다)	2949	물결
2889	세상	2951	근채
2892	경계병	2952	개
2894	바구니	2956	구레네(인)
2896	소리지르다	2961	주관하다
2897	방탕	2962	주인, 주님, 주
2898	해골	2965	개

2967	금하다		3014	문둥병
2968	마을		3015	문둥병자
2971	하루살이		3016	렙톤
2974	말못하는 (자)		3018	레위
2975	제비뽑히다		3019	레위인
2976	나사로		3022	흰, 희게
2977	가만히		3025	포도주틀
2978	폭풍		3026	우화
2980	얘기하다		3027	강도
2981	얘기		3029	심히
2982	라마(아람어)		3030	유향
2983	받다		3036	돌로치다
2985	등불		3037	돌
2986	환하다		3039	깨뜨리다
2988	호화롭게		3041	호수
2989	비추다		3042	흉년
2990	모르게하다		3043	심지
2991	바위에판		3049	여기다
2992	백성		3056	말, 말씀
2998	파다		3061	전염병
3000	충성하다		3063	이후로는
3001	채소		3074	늑대
3002	렙바이오스		3076	근심하다(수동 : 근심되다)
3003	군대		3077	근심
3004	~라 하는, ~말로, 말(씀)하다		3078	루사니아
†3004	말(씀)하다		3081	해결되다
3006	순탄한		3083	대속물
3007	모자라다		3084	대속하다
3008	봉사하다		3085	대속
3009	봉사		3087	등잔대

3088	등잔		3155	헛되이
3089	풀다(수동 : 풀리다)		3156	마태
3091	롯		3157	맛단
3093	막달라		3162	칼
3094	막달라		3167	큰일
3097	박사		3168	위엄
3100	제자되다		3170	크게하다
3101	제자		3173	큰
3106	복있다하다		3177	번역하다(수동 : 번역되다)
3107	복있다		3178	취함
3112	멀리(서)		3179	옮기다
3113	멀리서(575 3113)		3182	만취하다
3114	참다		3183	아기
3117	길게, 먼		3184	취하다(술취하는 것을 말함)
3119	약한것		3185	더욱
3120	부드러운		3187	더큰 (자)
3123	더욱		3189	검게
3126	돈		3192	꿀
3128	므낫세		3193	꿀의
3129	배우다		3195	다가오다, ~할(하려는) 것이다
3135	진주		3196	신체
3136	마르다(사람이름)		3199 (†3199)	고려하다
3137	마리아			
3140	증거하다		3304	오히려
3141	증거		3306	머물다
3142	증거		3307	나누다
3144	증인		3308	염려
3146	채찍질하다		3309	염려하다
3148	채찍고통		3310	영역
3149	가슴		3312	나누는자

3313	참여함, 지방, 부분	3379	않도록, 않기 위함이다
3317	밤중	3383	말아라!(명령), 아니하고 (3383a3383b:a도 않고 b도 않고)
3319	한가운데	3384	어머니
3324	가득한	3388	모태
3326	후, 함께, ~으로, ~가지고, 함께있는, ~되도록	3391	하나
3327	옮겨가다	3396	섞다
3330	나눠주다	3397	조금
3332	이동하다	3398	작은 (자)
3338	뉘우치다	3400	천걸음(1,000걸음)
3339	변형하다(수동 : 변형되다)	3404	미워하다(수동 : 미움받다)
3340	회개하다	3407	품꾼
3341	회개	3408	보상
3342	사이에서	3409	고용하다
3349	되새기다	3414	므나
3350	이주	3415	기억나다
3353	동업자	3418	굴무덤
3354	측정하다	3419	무덤
3358	분량	3421	기억하다
3360	까지	3422	기억
3361	AD아니하여	3423	약혼하다(수동 : 약혼되다)
3062 (†3062)	남은 (자), 나머지	3425	겨우
		3426	항아리
3366	~도 말(아)라	3428	간음하는
3367	아무에게도 ~않다, 아무(것)도 ~말(아)라	3429	간음하다
		3430	간음
3371	더이상 ~않다 (없다, 말다, 못하다)	3431	간음하다
		3432	간음하는 자
3376	달, 개월	3439	독생한
3377	알리다	3440	~만, 오직

3441	오직
3442	외눈의
3448	송아지
3458	맷돌
3459	맷돌
3461	수만(명)
3463	일만(10,000)
3464	향유
3466	비밀
3471	맛잃다
3474	미련한(놈,자)
3475 (†3475a)	모세
3476	나손
3478	나사렛
3479	나사렛의
3480	나사렛인
3483	그렇다
3484	나인
3485	성전
3495	청년
3497	나아만
3498	죽은 (자)
3501	새로운
†3501	(더)젊은 (자)
3502	젊음
3503	소년기
3507	구름
3508	납달리
3514	실짜다

3516	어린아이
3521	금식
3522	금식하다
3523	굶겨, 굶은
3528	이기다
3534	승리
3535	니느웨
3536	니느웨인
3538	씻다
3539	통찰하다
3543	생각하다
3544	율법사
3546	동전
3547	율법사
3551	율법
3554	질병
3555	새끼
3556	새끼
3558	(단수)남쪽, (복수)남방
3563	지각
3565	며느리
3566	신랑
3567	신랑집
3568	지금
3571	밤
3573	졸다
3575	노아
3581	나그네(APNMS)
3584	(손 등이)마른 (것)
3586	통나무

3588	관사(D), 여자, 아들, 일부, 있는, 곧
3589	팔십(80)
†3589	84, 팔십사
3592	그녀에게
3593	여행하다
3594	인도하다
3595	인도자
3598	길
3599	이(이빨)
3600	극히고통하다
3601	극한고통
3602	통곡
3604	웃시야
3606	곳에서
3608	이불보자기
3610	집하인
3614	집
3615	식구
3617	집주인
3618	짓다
3619	건물
3621	말씀보유하다
3622	말씀보유직
3623	말씀보유자
3624	집
3625	천하
3629	자비로운
3630	애주
3631	포도주

3636	지체하는
3638	팔,8
3640	믿음적은 (자)
3641	적은 (자), 조금만
3650	온, 전부, 온전히
3654	전혀
3655	소나기
3656	이야기주고받다
3660	맹세하다
3664	비슷한
3666	비슷하게여기다 (수동 : 비슷하게여겨지다)
3668	비슷하게
3670	공언하다
3677	꿈
3679	욕하다
3681	부끄러움
3684	나귀의
3686	이름
3687	이름하다
3688	나귀
3689	진짜
3690	신포도주
3693	뒤에서, 뒤로
3694	뒤에, 뒤로, 뒤쫓아
3698	~할 적에
3699	그곳, 어디로, 곳
3701	이상
3702	구운

3704	~하도록, ~려고, 그러므로, 그럼으로써
3705	환상
3708	살펴보다, 보다
†3708	보다
3709	진노
3710	화내다
3714	산골
3719	새벽에모이다
3721	새벽일찍
3722	새벽
3723	옳게
3724	정하다
3725	지역
3727	맹세
3729	달려들다
3733	암탉
3735	산
3736	파다
3738	춤추다
3739	일부, 한명, ~한 자, ~인
3742	성결
3745	일들, 것들, 만큼
3747	뼈
3748	누구든지, (관대), 곧
3751	허리(둘레)
3751	허리
3752	~때에는, (~할)때
3753	~때
3754	~다고, (곧) ~한 것을, ~기에

3756	아니다, 아닌, ~말(아)라, 없다
3757	곳
3759	화있다
3760	아닌, 아니다
3761	아니하다, 않다, ~도
3762	아무데도~않다(없다), 하나도 아닌, 아무도(어떤것도) ~없다(않다)
3763	전혀~아니다, ~적이 없다
3764	(~한) 적이 없는
3765	더이상~않다
3767	그런즉
3768	아직~아니다, 아직 ~ 못하다.
3770	하늘의 (형)
3772	하늘
3774	우리야
3775	귀
3776	재산
3777	이나(nor)
3778	이, 이것은, 이일, 이자는, 이말(씀), 이런일
3779	이같이
3780	아닌
3781	빚진자
3782	빚
3783	빚
3784	빚지다
3788	눈
3789	뱀
3790	낭떠러지

3791	괴롭히다(수동 : 괴롭힘당하다)	3850	비유
3793	군중	3853	명령하다
3796	저물게	3854	오다
3798	저문	3855	지나가다
3800	봉급	3856	들추어내다
3802	올무씌우다	3857	낙원
3803	올무	3860	넘겨주다(수동 : 넘겨지다)
3811	징계하다	3861	영광스러운 일
3813	아이	3862	전통
3814	어린여종	3864	해변
3816	아이, 하인	3868	사양하다
3817	갈겨치다	3869	가까이앉다
3819	벌써	3870	권면하다
3820	낡은(것), 옛것	3871	은폐하다
3822	낡다(수동 : 낡아지다)	3874	권면
3824	재창조	3877	가까이따르다
3825	다시, 또한	3878	흘려듣다
3826	일제히	3879	구부리다
3829	숙박업소	3880	데리고(데려오다), 데려가다
3830	숙박업소주인	3882	해안
3833	전신갑주	3885	중풍병자
3834	간계	3886	중풍병들다
3837	곳곳에서	3899	지나가다
3838	조금도	3900	과실
3840	사면으로	3904	예비일
3842	항상	3906	살펴지키다
3843	분명히	3907	관찰
3844	널리, ~에게, ~에게서, ~보다, 곁에	3908	내주다
		3911	가져가옮기다
3849	요청하다	3916	즉시

3918	있다
3924	~없이
3928	지나가다
3930	하다
3932	출가
3933	처녀
3936	곁에서다, 곁에서게하다
3939	우거하다
3945	유사하다
3952	와서함께하심
3953	대접
3956	모든 (자), 모두, 전부
3957	유월절
3958	고난받다
3960	치다
3961	짓밟다
3962	아버지
3965	족속
3968	고향
3973	그치다
3975	완악하다
3976	쇠고랑
3977	평평한
3979	도보로
3982	확신시키다, 확신하다
3983	배고프다
3985	시험하다(수동 : 시험받다)
3986	시험
3989	깊음
3992	(사람)보내다 : 데리러

3994	장모, 시어머니
3996	애통하다
3998	극빈한
4000	오천(명)
4001	오백(500)
4002	다섯(5)
4003	15째, 열다섯번째(서수)
4004	오십(50)
4008	건너
4009	끝
4012	~에 대하여, ~에, 주변에(을), 즈음에
4013	두루다니다
4016	입다, 입히다
4017	둘러보다
4023	지배하다
4024	띠두르다(수동 : 띠둘려지다)
4028	가리다(신체를)
4029	둘러싸다
4032	감추고있다
4033	에워싸다
4036	심히근심하다
4039	근처에사는
4040	이웃
4043	걷다
4045	굴복하다
4049	산만하다
4051	가득한것
4052	남다
4053	더많이

4054	(더)넘치게		4115	넓게하다
4055	(더)나은 자		4116	큰
4057	엄청나게		4118	가장많은
4058	비둘기		4119	더많은, 더많이, (더)중한
4059	할례하다		4120	엮다
4060	두르다		4124	탐욕
4066	주변지방		4126	행선하다
4071	새		4127	매
4073	바위		4128	무리
4074	베드로		4129	(수동 : 많아지다)
4075	돌밭		4130	가득차다(수동 : 가득채워지다)
4076	운항		4132	가득참
4082	가방		4133	그렇지만, 그러나
4083	규빗(자), 45cm		4134	가득찬
4085	누르다(수동 : 눌리다)		4135	확실히이루다
4090	심히		4137	성취하다
4091	빌라도		4138	기운것
4093	서판		4139	이웃
4094	쟁반		4143	배
4095	마시다		4145	부유한 (자)
4097	팔다		4147	부유하다
4098	엎드리다, 무너지다, 떨어지다		4149	부유함
4100	믿다		4151	영
4102	믿음		4154	불다
4103	믿음있는		4155	목잡다
4105	미혹하다(수동 : 미혹되다)		4159	어떻게, 어디서났느냐, 어디에
4106	미혹		4160	행하다, 만들다, (열매)맺다, (결혼식)베풀다, 하다
4107	미혹하는			
4108	미혹하는 자(형대)			
4113	큰거리		4164	여러가지

4165	목양하다
4166	목자
4167	양떼
4168	양무리(영적인 양)
4169	무슨, 무엇, 몇, 어느
4171	전쟁
4172	성
4177	시민
4178	자주
4179	여러 배
4180	많은말
4183	많은 (자)들, 많은 것들, 많이
4186	값비싼
4189	악함
4190	악한, 악한 자
4194	본디오
4197	여행
4198	가다, 진행하다
4202	음행
4204	창녀
4206	멀리
4207	멀리서
4208	더멀리
4209	자색옷
4212	몇번
4214	얼마나, 얼마나 크겠느냐, 몇 (개)
4215	홍수(복수), 강들(복수), 강(단수)
4217	(의문대)어떠한자, 어떠한지
4218	언제

4219	언제
4221	잔
4222	마시게하다
4226	어디, 어디서, 어디~곳
4228	발, 양발
4229	사항
4231	장사하다(상업적)
4232	관정
4233	담당자
4234	행위
4235	온유한
4238	하다
4239	온유한(자)
4241	합당하다
4242	사신
4244	장로
4245	장로, (더)어른된
4246	노인
4250	전에
4253	전에
4254	앞서가다
4260	더가다
4261	싹트다
4263	양
4264	사주받다
4273	배반자
4281	먼저가(오)다
4286	하나님앞(의)
4289	소원하는
4298	깊게나아가다

4304	미리연구하다
4308	미리말하다
4313	앞서가다
4314	에게, ~도록 ~에, ~으로, ~하려고, ~에 대해, 향하여
4317	인도하여오다, 인도하여가다
4319	구제구하다
4320	올라가있다
4321	허비하다
4325	비용들다
4327	기다리다
4328	기대하다
4329	기대
4333	일하여만들다
4334	나아오다
4335	기도
4336	기도하다
4337	조심하다
4339	개종자
4340	잠깐만
4341	부르다
4347	합하다
4350	부딪치다(수동 : 부딪히다)
4351	굴리다
4352	예배하다
4355	다가가다
4357	앞에머무르다
4363	앞에엎드리다
4364	앞장서다
†4366	맞닥뜨리다

4367	명하다
4369	더하다(수동 : 더하여지다)
4374	바치다(헌금, 사람)
4377	부르다
4379	건들다
4383	얼굴, 앞, 표면
4390	향해달려가다
4391	전에있다
4392	외식
4393	가져다놓다
4395	예언하다
4396	선지자
4398	여선지자
4399	앞지르다
4404	새벽에
4405	새벽
4410	높은자리
4411	상석
4412	첫번째로
4413	첫번째로, 첫째 날, 첫째
4416	첫번째자녀인
4419	꼭대기
4420	날개
4422	깜짝놀라다
4425	키
4428	두루말아덮다
4430	시체
4431	무너짐
4434	가난한 (자)
4437	수시로

4439	출입문(문짝이 없는 열린문)
4440	대문
4441	질문하다
4442	불
4444	망대
4445	열병앓다
4446	열병
4449	붉다
4453	팔다
4454	나귀새끼
4455	언제고
4459	어떻게, 얼마나
4461	랍비
4464	지팡이
4469	라가
4470	천(옷만드는 재료를 말함)
4471	라마
4474	손으로치다
4476	바늘
4477	라합
4478	라헬
4483	선포하다
4485	파괴
4486	터뜨리다
4487	선포된말(씀), 증언(의역)
4491	뿌리
4496	던져놓다
4497	르호보암
4501	말씀칼(영의 칼을 의미)
4503	룻

4505	거리
4506	건지다(수동 : 건져지다)
4511	유출
4513	로마
4518	사박다니(아람어)
4521	(복수)안식의 날, (단수)안식일
4523	사두개인
4524	사독
4526	베옷
4528	스알디엘
4531	흔들다(수동 : 흔들리다)
4533	살몬
4535	파도
4536	나팔
4537	나팔불다
4541	사마리아인
4550	못된
4558	사렙다
4561	육체
4563	소제하다(수동 : 소제되다)
4567	사탄
4568	스아
4570	끄다(수동 꺼지다)
4572	(재귀대명사)너자신, 그자신
4576	존중하다
4578	지진
4579	진동하다
4582	달
4583	간질하다
4592	표적

4594	오늘		4652	어두운
4597	좀(곤충)		4653	어둠
4600	뺨		4654	어둡게하다(수동 : 어두워지다)
4601	조용하다		4655	어두움
4605	시돈		4659	어두운안색의
4608	독주		4660	고생시키다(수동 : 고생되다)
4613	시몬		4661	고생
4615	겨자		4666	몰약
4616	세마포		4670	소돔
4617	까부르다		4672	솔로몬
4618	살진		4673	관
4619	살진 것		4674	당신의(것), 너의(것), 너희(것)
4620	한끼분량		4676	수건
4621	밀		4677	수산나
4622	시온		4678	지혜
4623	잠잠하다(수동 : 잠잠해지다)		4680	지혜로운 (자)
4624	실족게하다, 실족하다 (수동 : 실족되다)		4682	경련일으키다
			4683	강보로싸다
4625	실족		4686	중대(군대관련)
4626	파내다		4687	씨뿌리다
4632	그릇		4690	씨, 자손
4633	성막		4692	애쓰다
4639	그늘		4693	굴
4640	뛰놀다		4697	불쌍히여기다
4641	완악한 마음		4698	심정
4642	완악한		4699	해면스펀지
4646	굽은 것(형대)		4700	재
4648	성찰하다		4702	밀밭
4650	흩어버리다		4703	파종씨
4651	전갈		4709	간절히

4710	부지런함		4773	친족(가족포함)
4711	광주리		4776	함께앉다
4712	스타디온(184m)		4779	불러모으다
4714	민란		4780	위장하다
4715	한세겔		4784	같이하다
4716	십자가		4788	포획하다
4717	십자가에못박다		4794	꼬부라지다
4718	포도		4795	우연
4719	이삭		4796	함께기뻐하다
4721	지붕		4801	짝지어주다
4723	불임인		4802	문의하다
4728	좁은		4807	뽕나무
4735	왕관		4808	무화과나무
4738	가슴		4809	돌무화과나무
4741	굳게하다(수동 : 굳어지다)		4810	무화과
4743	순식간		4811	가로채다
4749	깨끗한옷		4814	대화하다
4750	입		4815	수태하다, 잡다
4753	군사		4816	골라내다
4754	군생활하다		4817	동의하다
4755	상관		4819	발생하다
4756	군단		4820	한데모으다
4757	군인		4823	결의하다
4760	군병		4824	결의
4762	돌아서다(수동 : 돌아서지다)		4836	함께오다
4765	참새		4845	함께당면하다 (수동 : 함께당면되다)
4766	펼치다		4846	막다
4768	흐리다		4848	동행하다
4771	너, (복수)너희		4851	유익하다
4772	친척(가족외)			

4855	함께자라다	4929	명하다
4856	합심하다	4930	종말
4858	풍류	4931	다끝마치다
4862	(~와) 함께	4933	보존하다(수동 : 보존되다)
4863	모으다(수동과거 : 모였다)	4934	약속하다
4864	회당	4937	상하게하다(수동 : 부러지다)
4867	참석하다	4940	함께누리다
4868	결산하다	4947	수리아
4870	함께따르다	4948	수리아인
4873	함께앉다	4952	전신경련일으키다
4876	만나다	4957	함께십자가에못박히다
4877	만남	4970	매우
4878	협력해돕다	4972	인치다
4884	포로삼다	4977	(수동 : 갈라지다)
4885	함께자라다	4978	해어짐
4889	동료종	4980	틈있다
4892	공회	4982	구원하다
4895	함께있다	4983	몸
4896	모여들다	4984	육체적인
4905	함께하다	4990	구원자
4906	함께식사하다	4991	구원
4907	현명함	4992	구원하심(형대)
4908	현명한(자)	4993	정신차리다
4909	옳게여기다	5007	달란트
4912	사로잡다(수동 : 사로잡히다)	5009	골방
4917	깨다(수동 : 깨지다)	5010	직무
4920	깨닫다	5011	겸손한 (자)
4921	함께서다	5013	낮추다(수동 : 낮아지다)
4923	동행	5014	낮음
4928	곤고	5015	요동하다(수동 : 요동되다)

5021	정해주다(수동 : 정해지다)		5088	출산하다
5022	황소		5089	자르다
5027	묘지		5091	공경하다
5028	묘		5092	값
5030	빨리		5100	무엇, 어떤, 어떤자, ~(할)것, 일부
5034	신속			
5035	속히		5101	누가, 누구, 무슨, 누구의것, 무엇, 어떻게
5036	속히			
5037	그런데		5106	자! 이제
5043	자녀		5108	이런(자)(일), 그만한, 이만큼
5046	온전한		5110	이자
5048	온전케하다		5111	담대하다
5050	온전한이룸		5117	장소
5052	끝까지열매맺다		5118	이만한, 이정도
5053	사망하다(수동 : 사망하게되다)		5119	그때
5054	사망		5122	이름이 ~인자
5055	끝마치다, 세금내다		5132	상(밥상을 말함), 은행
5056	끝, 세금		5133	은행업자
5057	세금징수원		5134	상처
5058	세관		5135	상처나게하다
5059	이적		5137	목
5062	40, 사십		5138	험난한 것
5064	4, 사		5139	드라고닛
5070	사천(명)		5140	삼(3)
5073	4배		5141	떨다
5075	4분봉왕이다		5142	기르다
5076	4분봉왕		5143	달려가다
5083	지키다		5144	삼십(30)
5086	디베료		5146	엉겅퀴
5087	두다, 대다		5147	험한길

5151	세번
5154	서수 : 삼(3), 셋째, 세번째
5158	모양
5160	음식
5165	그릇
5166	따다
5167	산비둘기
5168	눈(바늘의 눈표현)
5169	눈(바늘의 눈 표현)
5172	사치스러움
5176	영합하다
5177	당하다
5180	치다
5182	심란하다(수동 : 심란해지다)
5184	두로
5185	눈먼 (자)
5188	(수동 : 꺼져가다)
5195	능욕하다(수동 : 능욕받다)
5198	건강하다
5199	온전한
5200	푸른
5203	수종있는
5204	물
5207	아들
5212	너희의
5214	찬송하다
5217	가다
5219	순종하다
5221	만나다
5224	소유하다

5225	보유하다
5228	위하여, 위에, ~보다
5240	넘치다(수동 : 넘쳐지다)
5244	교만한 자
5257	사역자
5258	잠
5259	~에게서, 아래에
5263	가르치다
5264	모셔영접하다
5266	신발
5268	안장지운 짐승
5270	아래쪽에
5271	판정하다
5272	위선
5273	위선자
5274	받아들이다
5278	견디다
5279	(수동 : 위로부터생각들다)
5281	인내
5286	발판
5290	돌아가다, 돌아오다
5291	아래펼치다
5293	복종적이다
5295	이후에
5298	체류하다
5299	휘어잡다
5302	부족하다
5303	부족함
5305	그후에
5308	높은

5310	가장높은 (곳)(분)	5399	두렵다, 두렵게하다 (수동 : 두려워하다)
5311	높음, 높은데	5400	두려운 일
5312	높이다(수동 : 높아지다)	5401	두려움
5314	탐식	5406	살인자
5315	먹다(높임 : 잡수시다)	5407	살인하다
†5315a	먹어버리다	5408	살인
5316	나타나다, 나타내다	5409	입다
5318	공개적인, 공개한 (것)	5411	식민세
5323	바누엘	5412	짐지다
5326	유령	5413	짐
5327	골짜기	5417	채찍질하다
5329	베레스	5418	산울타리
5330	바리새인	5419	설명하다
5336	축사(가축을 기르는 건물)	5421	우물
5338	빛	5426	생각하다
5342	가져오(가)다, (누구를)데려오다	5427	생각
		5428	총명
5343	도망하다	5429	총명한
5345	소문	5430	총명하게
5346	들려주다	5432	가져오다
5348	임하다	5437	도망
5355	시기(감정)	5438	감옥, 경(시간개념)
5366	돈좋아하는(돈좋아함)	5440	말씀실천띠
5368	좋아하다	5442	지키다
5370	입맞춤	5443	지파
5376	빌립	5444	잎사귀
5379	다툼	5451	심음
5384	친구	5452	심다
5392	잠잠케하다(수동 : 잠잠케되다)	5453	나다(심은 것이)
5395	불꽃		

5454	굴	5525	춤
5455	소리내어부르다	5526	배부르다(수동 : 배불리다)
5456	소리, 음성(사람, 귀신)	5528	풀
5457	빛	5529	구사
5460	밝은	5531	필요공급하다
5461	밝게하다	5532	필요
5463	기뻐하다	5533	채무자
5465	잡아내리다	5535	필요하다
5467	사나운	5536	금전
5475	동	5537	지시하다(수동 : 지시받다)
5478	가나안(형)	5543	인자한
5479	기쁨	5547	그리스도
5482	토성	5548	기름붓다
5483	용서하다	5549	지체하다
5484	~하므로	5550	때(크로노스), 동안
5485	은혜	5557	금
5487	은혜주다(수동 : 은혜받다)	5560	저는자
5490	협곡	5561	지방
5491	입술	5562	수용하다(수동 : 수용되다)
5494	겨울	5563	가르다
5495	손, (복수)양손	5564	토지
5501	더심하게	5565	외에
5503	과부, 과부된	5568	찬양, 시편(의역)
5505	천(1000)	†5574	거짓되다
5509	속옷	5575	거짓증인
5510	눈(snow)	5576	거짓증언하다
5511	통옷	5577	거짓증거
5519	돼지	5578	거짓선지자
5521	쓸개	5580	거짓그리스도
5523	고라신	5584	만져보다

5585	계산하다
5589	부스러기
5590	영혼
5593	차가운 것
5594	식다(수동 : 식어지다)
5597	비비다
5599	오오!
5601	오벳
5602	여기
5604	산통
5606	어깨
5609	계란
5610	시간, 시(한)
5611	아름답게
5613	~한 대로, ~한 것같이, 같이도, ~하자, (~하는) 중에, 약, ~한 것(으로)
5614	호산나
5615	그와같이
5616	~처럼, 정도
5618	~처럼
5620	~할 정도로, ~려고, 그럼으로써, 그러므로, ~하였으므로
5621	귓바퀴
5623	유익하다(수동 : 유익얻다)

스트롱코드	뜻
1067 3588 4442	불의 지옥불
1096 5613	~되자
1161 2532	또
1223 3650 3588 3571	온밤내내
1223 3778	이러므로
1223 3956	계속
1487 1161 †3361	그렇지 않으면
1487 1161 3761	그렇지 않으면
1487 3361	~할 뿐이다, ~외에는
1519 1438	스스로, 자신에게
1519 1515	평안히
1519 3588 165	영원히
1519 3588 2048(형대)	광야로
1519 3588 3838	조금도
1519 3588 899	깊은데로
1519 5056	끝까지
1519 5117 2048(형)	한적한 장소로
1537 2425	오래
1537 3588 5259 3772 1519 3588 5259 3772	하늘 아래 이편에서 하늘 아래 저편까지

1537	3772		하늘로부터 (의)
1537	5311		높은데서부터
1599	3588	4008	건너편으로
1722 (3588) 2250(복수)			기간에
1722 (3588)	3772		하늘에 있는
1722	1438		속으로, 서로, 자신들끼리
1722	1515		평안히
1722	1565	3588 2250(단수)	그 날에
1722	1565	3588 2250(복수)	그 기간에
1722	1565 3588 5610		그 시간에
1722	2540(단수)		~때에
1722	3319		한가운데에, 한가운데서
1722	3391	3588 2250(복수)	어느 날에
1722	3588 1836 (2250)		그다음 날에
1722 3588 2250(단수) 3588 4521(단수, 복수)			안식의 날에
1722	3588	2517	차례로
1722	3588 2540 3778		이 때에
1722	3588	2927	은밀히

1722	3588	3824	재창조시
1722	3588	3989	깊은데
1722	3588	5010	직무대로
1722	3588	5318	공개적으로
1722 3650 3588 1271			온 뜻으로
1722 3650 3588 2588			온 마음으로
1722 3650 3588 5590			온 영혼으로
1722	3956	2540	모든 때에
1722	5034		신속히
1722	5101		무엇으로
1722	846		거기서
1722 846 3588 2540			그 때에
1752	3778		이렇기에
1909	1438		스스로
1909	225		진리로
1909	3588	839	다음날에
1909	3588	846	그 위에서
1909	3745		동안에
1909	3956	3778	이 모든것들 위에
1909	5550		그때에
1909	846		그리로
2193	302		~때까지
2193	3755		동안에, ~때까지
2193	4219		언제까지

2222 166		영원한 생명
2250(단수) 3778		오늘날
2531 2532		~것과 같이
2596 1438		스스로
2596 2250		날마다
2596 2398		따로
2596 3650 3588 4172		온 성마다
2596 3778		이런식으로
2596 4795		우연히
2596 5101		무엇으로
2596 5117		장소(들)에 따라
302 3360 3588 4594		오늘까지도
3326 (1161) 3778		이후에
3326 1024		쪼금 후에
3326 1161 3778		이후에
3326 1417 2250		이틀 후
3326 240		남남끼리
3326 3397		조금 후
3326 3727		맹세로
3326 5479		기쁨으로
3360 3588 4594		오늘까지
3361~ 3366~		~도 ~도 못하다
3560 3588 2250		종일
3588 1722 3588 2927		은밀히 계신

3588 1722 3588 3772(복수)		하늘들에 계신
3588 2250 3588 5154		제3일에
3588 3584		마른곳
3588 4012		주변 사람들
3588 740 3588 4286		하나님앞의 빵
3588 846(형대)		그처럼
3588 932 3588 3772(복수)		하늘들의 왕국
3699 1437		어디든지
3699 302		곳마다
3739 1437		만약 ~자
3739 302		~자마다
3739 3756		까닭이다
3739 5484		이러하므로
3745 302		무엇을 ~하든지
3748 302		누구든지 ~자마다
3756 1510		없다
3756 3361		결코 아니다
3756 714		부족하다
3756~ 3761~		~하지도 못하고 ~하지도 못하다 (neither ~neither)

3768~ 3761~		~하지도 못하고 ~하지도 못하다
3777 a 3777 b c(동사)		a도 b도 c를 하지 못하다
3778 3588 2094		이 해
3844 1438		자신들끼리
3844 3588 2281		바닷가
3844 3588 3041		호숫가
3844 3588 3598		길가
3844 3588 4228		발곁
3924 3056		말씀 없이
3956 3588 2250		항상
4012 3588 1766		제 구시(15시) 즈음에
4012 846		그 주변을(에)
4183 5550(복수)		많은 때
4253 4383		앞서
4314 1438(단수)		혼자서
4314 1438(복수)		서로
4314 240		서로
4314 3588 2307		뜻대로
4314 3761 1520 4487		한 선포된 말씀에도
473 3739		대신에, ~한 자이기에
5550(복수) 2425		매우긴 기간
5613 3752		때같이

5613 4396		선지자로서
5613 4572		자신같이
575 1438		스스로
575 1565 3588 2250		그 날부터
575 165		영원부터
575 3113		멀리서
575 3391		하나로
575 3588 1417		둘 중에
575 3588 5610 1565		그 시간부터
575 5119		그때부터
575 737		지금부터
575 746		처음부터
846 3588 2424		예수님 그분
891 2540		때까지 (다음 때까지)
891 3739 2250		날까지
976 5568		시편 (찬양의 성경책)

마침말

박경호헬라어번역성경 누가복음의 소제목이 [죄 사함의 조건 : 회개]인
반면, New 누가복음의 소제목은 [죄 사함의 조건 : 온전한 회개]로
변화가 일어납니다.
내용의 변화가 있었기 때문입니까? No! 전혀 아닙니다.
사실, 누가복음의 소제목도 원래는 [온전한 회개]였는데,
제목이 길어서 표지에 넣기 어렵다는 판단에 압축하여
[회개]로 정한 것입니다.

마태복음이 계명 중심으로 복음이 묘사되어,
산상수훈을 시작으로 계명과 율법에 관한
많은 내용이 있는 것과는 대조적으로,
누가복음은 회개 및 죄 사함을 중심으로 복음이 묘사되었기에,
더 나아가 부분적인 회개가 아닌 온전한 회개를 통하여
구원에 도달될 수 있다는 많은 비유들 곧 탕자의 비유나
부자와 나사로의 비유 등을 통해 온전한 회개라는 주제가 드러납니다.

그때 성경을 깨닫도록, 그분이 그들의 지각을 밝히여셨습니다.
그리고 그들에게 말씀하셨습니다. "기록된 것같이, 이같이 그리스도가
고난받고 제3일에 죽은 자들에서 일어서며, 그의 이름으로 회개와
죄들의 사함이, 예루살렘에서 시작하여 모든 이방인들에게
전파되어야 한다."(박경호헬라어번역성경 New 누가복음 922절)

이에 그들의 마음을 열어 성경을 깨닫게 하시고 또 이르시되
이같이 그리스도가 고난을 받고 제삼일에 죽은 자 가운데서 살아날 것과
또 그의 이름으로 죄 사함을 받게 하는 회개가 예루살렘에서 시작하여
모든 족속에게 전파될 것이 기록되었으니(개역개정 누가복음 24장 45~47절)

만약 New 누가복음을 통하여, 구원에 합당한 회개에 도달되었다면,
박경호헬라어번역성경 New 누가복음이 그 효과를 발휘한 것입니다.
저는 이것을 위해 원어의 의미에 근접한 번역을 하는 것이며
New 누가복음이 온전한 회개를 통한 구원에 이르게 하는데
쓰임받기를 간절히 기도드립니다.

이미, New 마태복음의 출판 및 New 누가복음의 출판이 이루어졌고,
이제, New 마가복음이 출판을 기다리고 있습니다.

2021년 9월 1일

[베다니 히브리어&헬라어 번역원 원장] 박경호

박경호헬라어번역성경

성경 중의 성경은 4복음성경입니다

기존에 번역된 신약성경과는 달리,

Ⅰ. 스테판(1550년) 사본을 번역하였으며,
　　원어를 100% 옮긴 오번역 제로 성경입니다.

Ⅱ. 모든 한글 및 영어 번역본은 헬라어 한 단어를,
　　여러 단어로 번역하지만, 원어를 한글 한 단어로
　　고정시키는 20년의 끈질긴 노력으로,
　　완전 직역에 성공한 전무 후무한 성경입니다.

Ⅲ. 어린이에게도 쉬운 성경이며, 연세가 많으신
　　분들이나 시력이 약한 분도 큰 글씨로 잘
　　보이는 선물용 성경입니다.

Ⅳ. 12장으로 나누고, 문장의 의미에 따라서
　　절을 만들고, 각장에 제목을 붙임으로,
　　이해하기 쉬운 새로운 성경입니다.

Ⅴ. 유튜브에 마태 / 누가 / 마가 / 요한 /
　　요한계시록 각 구절 강해를 진행하고 있는,
　　각 구절 강해 성경입니다.

대표번호　010-3090-8419

https://bethanyecclesia.blogspot.com/